识干家

企業閱讀　學以致用

37个方法、
6大案例帮你成功卖酒

白酒到底如何卖

赵海永◎著

企业管理出版社
ENTERPRISE MANAGEMENT PUBLISHING HOUSE

图书在版编目（CIP）数据

白酒到底如何卖/赵海永著．—北京：企业管理出版社，2017.9
ISBN 978-7-5164-1568-9

Ⅰ.①白…　Ⅱ.①赵…　Ⅲ.①白酒－市场营销－研究－中国　Ⅳ.①F724.782

中国版本图书馆 CIP 数据核字（2017）第 194971 号

书　　名：白酒到底如何卖
作　　者：赵海永
责任编辑：张　平　程静涵
书　　号：ISBN 978-7-5164-1568-9
出版发行：企业管理出版社
地　　址：北京市海淀区紫竹院南路 17 号　邮编：100048
网　　址：http：//www.emph.cn
电　　话：编辑部（010）68701638　发行部（010）68701816
电子信箱：qyglcbs@emph.cn
印　　刷：北京宝昌彩色印刷有限公司
经　　销：新华书店
规　　格：170 毫米×240 毫米　16 开本　17.5 印张　207 千字
版　　次：2017 年 9 月第 1 版　　2019 年 3 月第 2 次印刷
定　　价：88.00 元

导读

随着白酒行业2013年进入调整期，业内一直很动荡，酒水商家很迷茫，终端商更是在逆境中寻找生存的方式。笔者认为，行业的大环境谁都无法撼动，我们唯一能做的就是改变自己、寻求突破。

当前影响白酒市场发展的两大表象难题是“动销”和“消费者培育”，表象背后需要用策略、战术、动作来突破市场。笔者认为，从目前的白酒消费者环境来看，根本不需要“高大上”的策略，但一定要“赤裸裸”——有效果、能动销。白酒销售没有捷径可言，“踏实做市场，坚持做市场”才是唯一的出路。再简单的招式，操作好依然有效；再新颖的活动，操作不好依然没用。

笔者总结了近10年的酒水营销实战经验，尤其是新形势下酒水商家、经销商、终端的最新、最有效的实践经验。

策略篇（1～19）总结了互联网新技术给白酒营销带来的新玩法：大数据、消费者培育、社群营销、新形势下样板市场的打造、核心乡镇的扩张、光瓶酒的乡镇市场操作、新品上市的要点、酒水招商的实战方法、渠道建设和核心终端构建等，帮助企业和经销商在拓展市场时具备一线的指导思想和核心思路。

战术篇（20～37）总结了团购渠道、烟酒店、酒店等渠道的实战操作，分析整理了各种主题促销的主流形式，包括升学宴，谢师宴，春节、中秋节节日促销，砸金蛋，品鉴会等。此外，还总结了低端白酒的促销方式，对淡季白酒动销和各类动销手法进行了梳理，围绕白酒一线市场动作进行详细描述。

案例篇（38～43）对杜康、一担粮、酒鬼三两三、酒中酒霸、封坛酒等案例进行分析和总结，将市场操作的具体内容总结成模式，逐一进行阐释。

全书以市场实战为主要内容，多层次、全方位、多角度地阐释了白酒一线市场操作的最新模式和方法，紧接地气。

笔者认为，学以致用是读书的精髓所在，针对书中的内容再结合自身的市场基本情况来制订属于自己的“量身定做”的方案，才能在发展中发挥书的作用。

目录
Contents

策略篇

战术篇

案例篇

策略篇

白酒行业的种种现象宣示着中国白酒已走出快速增长的“黄金十年”，无论是对白酒企业还是对商家都是重创。那么以白酒为生存根本的一群人如何在逆境中生存？如何在未来站稳脚跟？如何在明天实现弯道超车？

消费者对白酒消费和购买的便捷性要求越来越高，线上和线下购买白酒的方式多种多样。随着白酒消费者的逐步升级，消费者的环境也逐步发生变化。消费观念、消费口感要求、品牌流行性选择等因素影响着消费者对白酒品牌的选择。

在白酒区域市场的营销过程中，消费者受到需求多元化、酒种多元化、购买多元化的影响。如何利用互联网等新的技术手段让自己的产品和品牌深入人心，增强消费者心中的品牌认知，成为很多企业和商家关注的焦点。

1. 大数据时代，白酒如何卖

全球知名咨询公司麦肯锡曾说过："数据，已经渗透到当今每一个行业和业务职能领域，成为重要的生产因素。人们对于海量数据的挖掘和运用，预示着新一波生产率增长和消费者盈余浪潮的到来。"这段话看似很容易理解，但是从这段话里吸取有价值的东西却很难。

业内人士渐渐意识到数据的重要性，着手建立自己的数据库。国内大部分名酒企业和商家已着手消费者数据工作，积极收集消费者数据，建立消费者档案，开展不同的消费者活动。

大数据将意味着一种全新的盈利手段，笔者根据自己多年的酒水营销经验谈谈对大数据白酒营销的看法。

高端白酒特定渠道、特定场所，搜集信息，逐步建立庞大的数据库

限制"三公"消费等政策的出台，无疑对高端白酒下了"逐杀令"。虽然没有让任何品牌消失，但是让每一个品牌都受到了重创。茅台（飞天）、五粮液（52% Vol）、国窖 1573 价格齐跌，洋河（梦之蓝）、舍得（52% Vol）、汾酒等次高端产品更是没有了前几年的风采。其实这个过程没有行业发展和政府部门的对和

错，笔者认为这是一个必然的发展结果，但这是让以这些产品得以生存的企业和商家，尤其是商家最痛苦的结果。笔者近两年来对山东、河北、宁夏、陕西等部分高档酒销量较好的商家逐一进行了分析和总结，得出一条较为有价值的结论——他们都建立了自己独有的数据库（见表1），并一直在本区域市场建立商家的诚信度和公信度，实现消费者精准营销。

表1　某高档酒商家的消费者数据档案

<table>
<tr><td>区域</td><td>银川</td><td>家庭住址</td><td colspan="3">××区××路××小区8号楼2单元201</td></tr>
<tr><td rowspan="2">客户姓名</td><td rowspan="2">杜××</td><td rowspan="2">生日</td><td rowspan="2">197×年
12月12日</td><td>性别</td><td>男性</td></tr>
<tr><td>电话</td><td>186××××××××</td></tr>
<tr><td rowspan="4">家庭成员基本信息</td><td colspan="5">爱人：刘××，生日：197×年3月27日，目前工作是××实验中学英语教师，平时爱好是每周六下午到××健身俱乐部健身</td></tr>
<tr><td colspan="5">子女：杜××（儿子），生日：200×年6月12日，目前就读于××实验中学，平时爱好是网络游戏</td></tr>
<tr><td colspan="5">父母：杜××（父亲）、孙××（母亲），生日分别为195×年1月11日、195×年4月6日，目前均下岗，平时爱好是下象棋</td></tr>
<tr><td colspan="5">其他信息：本客户孝敬长辈，并定期带父母做体检</td></tr>
<tr><td>个人爱好</td><td>参加业内沙龙、看书等</td><td>座驾</td><td>奔驰C200</td><td>车牌</td><td>宁×××××</td></tr>
<tr><td>单位名称</td><td>××地产公司</td><td>职位</td><td colspan="3">市场部总监</td></tr>
<tr><td>日常消费酒店</td><td colspan="5">银川××饭店、××豪庭饭店、××国际饭店等</td></tr>
</table>

续表

日常主要消费品牌排名	五粮液、国窖 1573、五粮春
平均月白酒消费金额	6000 元
其他补充信息	客户除正常商务宴请外，还有收藏白酒的习惯

表 1 所列为某高档酒商家针对一个普通消费者建立的数据档案。每一个档案信息看似简单，可商家搜集、完善这些信息用了近半年的时间，里面的每一个信息都给商家对这个客户进行精准营销提供了有效的数据。其实，搜集数据是一项非常用心的工作，需要商家不断地寻找有价值的信息，最终将每一个客户信息建立成庞大的数据库，从而实现品牌与客户之间的精准衔接。笔者认为，高端酒在未来的实战运作是一个全面的营销过程，而庞大的数据库工程至关重要，尽可能地丰富每一个有价值的数据，也许某一个数据就成为你“搞定”这个客户最有价值的信息。

高端人士搜集信息的场所和途径大概分为以下 6 种：

（1）高端酒店客户信息搜集。

（2）本地企业（大型、中型、小型均包含）关键客户信息搜集。

（3）高档娱乐会所客户信息搜集。

（4）核心商务楼内大型公司关键客户信息搜集。

（5）高档宾馆客户信息搜集。

（6）行政机关关键客户信息搜集。

未来婚宴消费人群数据搜集，精准定位公关对象，实现销售

根据相关部门数据显示，每年有近2600万对新人走进婚姻的殿堂，这就意味着每年全国大概有2600万场宴席。每场婚宴平均消费5件酒（30瓶），每瓶酒平均价格为50元（保守估计），那么每年的婚宴用酒消费额将近40亿元，还不包括生子宴、满月酒、寿宴、升学宴（谢师宴）等喜宴消费。

白酒企业和经销商在本次“寒流”中并肩前行，但未迎来回暖信号，因而婚宴市场作为白酒消费“蛋糕”中较大的一块，备受企业和经销商的青睐，各大厂家纷纷推出婚宴系列酒，希望借此拉动消费、促进销售、减轻市场压力。厂家举办了比较有吸引力的消费者促销活动，比如买酒送宴席、买酒送电器、买酒送婚纱摄影、买酒送婚车等一系列同质化的促销活动。由于执行效果和市场情况各异，最后取得的效果也不尽相同。

笔者认为，在未来的婚宴竞争中一定要锁定消费者，进行精准营销，实现销售。锁定消费者就需要建立数据库，找到未来一年需要结婚的男男女女，从较早日期就开始对他们进行品牌推广和产品宣传，而不是等到要结婚的时候才开展工作。我们在婚宴操作层面不仅要对即将结婚的新人开展工作，还要对那些单身男女进行数据搜集和分析，如图1所示。搜集信息主要内容见表2。

单身男女、情侣信息的搜集方式和方法：

（1）和大学联合开展情侣活动搜集信息，如××品牌情歌对唱校园行。

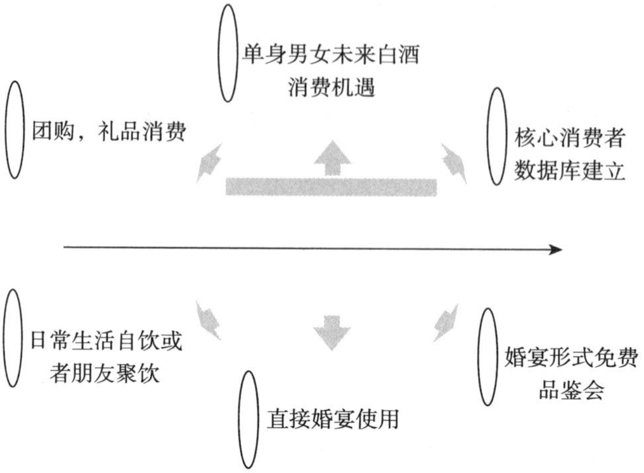

图 1　对单身男女进行数据搜集和分析

（2）××品牌主题相亲活动搜集信息，如××品牌“我要找到你”告别单身相亲交友活动。

（3）和相亲交友网站（百合网、世纪佳缘网等）联合开展活动搜集信息，如××品牌“网络情缘”寻找真实的你。

（4）和一些主题餐厅联合开展主题活动搜集信息，××餐厅“爱情情侣套餐”火热预定。

（5）其他传统渠道搜集信息：民政部门、酒店、婚纱影楼、婚庆公司等。

表 2　搜集信息主要内容

姓名	赵××	年龄	24
性别	男	现居城市	北京
电话	186××××××××	QQ	××
微信	××	目前工作（学业）状态	工作

续表

爱好	篮球	饮酒习惯	有饮酒习惯，主要品牌为五粮春、五粮醇
预计结婚时间	2018 年	预计婚宴城市	北京
其他信息	此客户过节送礼以酒和营养品为主，酒水选择价位在 200 元以内，购买场所为超市		

通过对情侣或者单身男女数据搜集，有针对性地开展品牌活动，让潜在消费者对品牌和产品有更清晰的认知，从而实现精准营销，达到销售的目的。

乡镇市场和农村市场的“5 抢、4 分、3 氛围、2 活动”

近年来，乡镇和农村的白酒消费市场成了白酒行业争相竞争之地。各大名企和商家纷纷看中了农村的婚宴市场，并且众多品牌喊出“打造百万乡镇工程”“千村万店工程”“双百乡镇工程”等销售口号，也在部分区域市场取得了很好的效果，江苏某全国性品牌甚至在某乡镇实现了 1000 万元的销售额。针对乡镇市场和农村市场的运作，笔者也总结了成功经验，称之为“5 抢、4 分、3 氛围、2 活动”。

5 抢：

（1）抢占政府机关的接待酒店或者招待所。

（2）抢占乡镇门口主街道的烟酒店、小超市、餐饮店（主陈列面）。

（3）抢占乡镇主流企业的老板或者高层的基本信息。

（4）抢占乡镇所有农村的村主任的基本信息。

（5）抢占乡镇所有农村的红白喜事理事人的基本信息。

4 分：

（1）要细分产品（主导产品、非主导产品、利润产品、上量产品）。

（2）要细分核心网点（主核心网点和非主核心网点）。

（3）要细分每个农村婚宴用酒价位和数量。

（4）要细分各个环节的利润（渠道利润、关键人利润）。

3 氛围：

（1）核心网点整体氛围。

（2）婚宴现场整体氛围。

（3）主题活动整体氛围。

2 活动：

（1）渠道促销活动。

（2）消费者促销活动。

通过开展各项工作不断搜集数据，总结有价值的信息，从而建立农村市场的数据库。相比城市市场而言，农村市场存在巨大的消费潜力，而婚宴市场和日常聚饮既能提升业绩，又能宣传品牌。

在大数据时代，掌握数据才能成为真正的赢家。中国白酒经历了懵懂发展的萌芽期、粗放发展的高速增长期，即将进入利用大数据的稳定期。白酒企业和商家可以根据掌握的数据，精确预估市场的需求方向、需求量以及消费者的需求状况，从而精准投入和营销。大数据时代的竞争，除了品牌、品质，数据成为另一个至关重要的竞争点。

2. 白酒区域市场爆破，5 招培育消费者

对于区域市场的白酒品牌发展，我们经常听到区域销售人员和经销商说：“目前市场铺市率比较高，就是产品不动销。”以下是笔者针对白酒消费者培育总结出的一些方式和方法，以供商家参考。

核心终端客户微信群，拉动终端老板引导消费

白酒品牌微信营销以“白酒品牌终端 VIP 客户群”作为载体，由“区域代理商、白酒厂家业务经理、商家的白酒品牌客户经理和优质终端客户”4 个主体组成，由白酒厂家业务经理引导、区域代理商号召、商家的白酒品牌客户经理带头，积极寻找优质终端客户，进而形成“白酒区域市场 VIP 客户群”。

（1）由代理商的白酒品牌经理建立“白酒品牌终端 VIP 客户群”，并把代理商、厂家的白酒区域经理拉进微信群。

（2）代理商的白酒品牌经理号召业务团队在规定时间内收集优质终端客户的微信，业务员把优质终端客户拉进“白酒品牌终端 VIP 客户群”。

（3）区域品牌经销商每天在群内发布“VIP 客户免费领酒通告”，每天拿出 20 瓶品鉴酒作为群内活动奖励。每个 VIP 客户如

果当晚有宴请，即可申请领取两瓶品鉴酒，原则上是先申请先获得，发完即止。

（4）免品酒只限在酒店消费，且需要由业务员拍摄三张现场消费图片上传到“白酒品牌终端VIP客户群”作为凭证。

（5）免品酒由代理商业务员在指定时间内送至指定地点。

此活动主要是依靠渠道网络的核心客户先行打开市场，撬动小范围的核心意见领袖的培育，进而扩大市场占有率，强化消费者的口感培育。通过群的互动，可以增强和终端老板的黏联度，无论市场开展什么动作都可以通过微信群来导入，对市场来说是一种廉价、高效的模式和方式。

产品铺市完成后，B类、C类餐饮持续免品活动

酒店开展免品活动是最直接、最有效的品牌推广形式，不仅可以让消费者更直接地了解产品，还可以通过品鉴产品而成为忠实的消费客户。

（1）此活动一般由企业销售人员和经销商人员联合开展。在特定区域市场选择较有影响力的餐饮终端作为“免品活动”的指定酒店，可以全年在每周五至周日的11:30—14:00、18:00—21:00，由品牌专职人员驻点开展免品活动。

（2）此活动一般由经销商提供目标餐饮终端，经销商和厂家区域经理共同分配免品人员。业务员提前和终端沟通免费赠饮时间，一人或者两人为一组进行免费品鉴，同时携带酒水和一次性酒杯或者纸杯，为4人以上的消费者提供免费品鉴酒。

（3）活动开展过程中，尽量提前设定一些现场的说辞。比如“你好，老板，欢迎来到××酒店就餐。我是××品牌的推广人

员，目前我们在开展免费品鉴活动，这是我们的美酒，免费赠予大家，供大家品鉴。”

（4）此活动还要配备详细的活动流程体系和核销流程，比如现场拍照、留下客户详细信息、酒店老板签字确认等，保证活动开展的真实性、有效性。

关于消费者培育的免品活动，很多商家和企业都会嫌麻烦而不做。据了解，目前仅靠一款单品而做到年销售额十几亿的小郎酒都还在持续推动这些工作，我们还有什么理由说难开展呢？

从一桌式品鉴会到核心社群营销的意见领袖培育

在白酒营销的过程中，一桌式品鉴的营销模式广受企业青睐，洋河、古井、口子窖等诸多名酒企业均在区域市场开展过类似的活动，当时取得了很好的效果。但随着政商务消费的改变，目前这种形式的效果已经淡化了。笔者认为，针对意见领袖的消费者培育，企业要从单一操作政企消费意见领袖转移到民间意见领袖、圈层、社群、烟酒店背后的核心客户，通过核心消费者公关推广，以黏度塑造品牌口碑，以口碑带动流行。

此活动的主要客户人群就是区域内的各种社群，比如车友会、业余足球队、跑步群、登山队、单身俱乐部、钓鱼群等，都是一个特定圈子推动的载体。企业可以出台一定的活动赞助方案，对这种群体开展的活动进行联动，逐渐实现消费者培育。

得终端者得天下，终端推荐直接影响消费者

白酒的终端体现在许多方面，按传统的思路去分析主要有酒

店、卖场、酒吧、超市和百货店，如果拓展思路，实施嫁接营销，其终端可以延伸到婚纱影楼、烟草专卖店、户外等。营销和抢占终端：一是细分终端，分为 A 类、B 类、C 类终端，进行分类管理；二是需要在策略方面促销，如系列化、生动化的产品排列，针对不同对象的促销，如捆绑销售等；三是要在终端利用人员进行推销、在户外进行推销，既要吸引消费者走进来，又要主动走出去。

笔者认为，对于终端必须有等级划分，核心终端和一般终端需要不同对待。对于核心终端可以采取更多的政策支持，比如全年陈列奖励、季度返利、销量坎级奖励、宴席套餐政策奖励、店面形象包装、明码价格标示、人员定点定时驻点促销等，同时做好日常拜访和客情维护。终端销售的最终目的就是让消费者购买产品，在针对消费者的促销过程中，可以采取许多创新的促销策略，如景芝和金徽开展的核心酒店砸金蛋活动、汾阳王在山西开展的“喝汾阳王，享王府生活”活动等。过去传统渠道的精耕细作强调“人人通、路路通、店店通”，现在我们要从消费者层面进行渠道推广创新，要实现“场景通、体验通、口碑通”。

活动路演、驻点地推，打开县城及乡镇市场

活动路演、驻点地推是中低端产品和光瓶酒推广比较有效的套路和方式，主要依靠热闹的宣传形式吸引陌生客户的注意力，从而实现和消费者互动。

此活动可以和一些演出团队合作，也可以由销售团队自主执行，可以以表演、互动、抽奖等形式为主，还可以穿插词语接龙、典故问答、情景扮演等环节，最重要的是活动内容必须符合

当地消费者的“口味”。

在活动现场尽量设置三个展区、品酒区、活动区和展示区。现场的工作人员必须经过一定的产品培训，对产品的特点、优势、口感等内容熟记于心，可以流畅地向消费者表述，还可以教给消费者一些白酒知识。活动现场还需设立几块健康饮酒（或健康与酒）的相关知识的展板，参与活动的观众既可以现场品酒，又可以学习健康饮酒的相关知识。

活动前期，借助渠道资源优势向目标受众有效告之，比如海报、DM、X 展架、异型陈列等，还可以在活动地点周边社区投放 DM 单、拉横幅、放置活动宣传展板等，吸引受众。

每个活动都是一个复杂、精细的过程，商家必须针对市场情况梳理一套适合自己的模式，进而对消费者进行口感培育。目前很多商家只做渠道工作，而完全不考虑消费者，这也是产品不动销背后隐藏的原因。

3. 白酒“社群营销”5大实战案例

什么是社群？传统的基于血缘和地缘的村落就是一个典型的社群。但移动互联网时代，社群不仅仅是你的亲戚和邻居们。通过智能手机等移动端，每个人都可以随时随地在线，这让具有相同志趣、爱好、才能的人更容易聚在一起，形成现代新型社群。在这个社群里，大家经常沟通、建立感情、互相帮助、彼此信任，从而形成了强大的凝聚力。凝聚力把大家黏在一起，而且越黏越牢，同时像滚雪球似的，使这个圈子越来越大。

白酒行业的调整和产能过剩给白酒消费造成巨大的影响，经销商和企业更需要进行模式创新，挖掘更多的“卖酒”渠道。社群营销无疑是下一步众多商家关心的营销模式，因为它将人群进一步细分来进行品牌传播和产品营销。下面是笔者根据自己的经验和对部分商家的访谈总结出的5个优秀案例，供大家参考。

案例一：私家车车主“社群”深度营销

车主营销是指商家和企业出台一定的政策，将私家车车主直接作为小型核心团购客户，对其实施营销推广的模式。目前私家车车主较多，已经构成比较大的消费群体，同时私家车车主具备一定的消费能力。私家车与相关产品联系比较紧密，比如保险、洗车行、4S 店、汽车美容中心，并且它们均属于小微团购范畴。

车主营销案例一：买酒送洗车

河南某商家主营市场为郑州，目前郑州各社区内私家车数量猛增，洗车难、等候时间长是最大的问题。嫁接到白酒的商业范畴，便催生出一个新模式，就是流动洗车兼营白酒销售。在现场，我看到一架经过精心改良后的机动车，车载喷枪压力可与专业洗车行相媲美。据介绍，20 分钟的注水量就可以完成 20 ~ 30 辆车的清洗工作。车体周身还是很好的产品展示平台，精心设计的小橱窗则是一个迷你产品展示区域。车主只需要购买两瓶酒，即可享受免费上门洗车服务。同时还可以办理 × × 品牌专卖店的终身 VIP 卡，享受折扣购酒。

本活动受到很多私家车车主的青睐，首先不用自己亲自去洗车，一个电话全搞定；其次购买两瓶酒作为代价也很划算，毕竟自己也要请客吃饭、购酒，效果很好。

车主营销案例二：买车险送酒（买酒送车险）

买车险送酒也属于对私家车车主营销的一种形式，主要与保险公司跨界合作进行私家车车主保险和卖酒的双营销。贵州某商家交际较广，和几家比较大的保险公司进行洽谈，各拿出一部分利润进行联合促销。首先，保险公司需要购买部分产品作为内部招待用酒，并签订合同，三年内公司所使用的产品均为 × × 品牌。除交强险之外，其他险种均买多少保险即送 50% 等价值的白酒。这个活动在这个商家的朋友圈里被迅速转发，进而形成主要依靠“人传人”大面积传播的模式。图 2 仅供参考。

图 2　买酒送车险

案例二：白酒与骑行俱乐部合作

白酒与骑行俱乐部的合作形式较多，和这种俱乐部合作也比较流畅，所以大多数人都愿意合作。众所周知，在安徽买川酒特别艰难，因为商家在产品的推广前期并没有采取传统的推广形式，而是“剑走偏锋”和当地某自行车俱乐部合作。

内容一：俱乐部 100 位成员骑自行车，同时在后座插上本产品广告彩旗，围绕本市主干道环行两周，每位成员免费领取两瓶 ××产品品鉴酒。

内容二：赞助本俱乐部骑行爬山活动两场、聚餐用酒 5 件。爬山过程中，俱乐部会员全部身穿 ×× 品牌 T 恤并悬挂广告彩旗。

内容三：俱乐部会员可在活动结束后三日内享受购酒“买一送一”的优惠活动。

此种形式操作简单，同时以娱乐健身的形式进行整合营销，受到一些社群的青睐。

活动亮点：资源投入小，回报大；宣传效果好；培养部分消费人群；后续落地性活动频繁，消费者黏性高。

案例三：私企小酒店老板联盟做酒店营销

随着高端餐饮的低迷，中小型餐饮店、特色餐饮店成为消费的主流。湖北某商家是××品牌的经销商，同时也经营着两家主题餐饮店，酒水生意低迷但是餐饮店生意较好。经销商除了在自己的店铺经营产品之外，还预想在其他兄弟餐饮店销售，扩大自己的销售网络。因此经销商成立了一个“餐饮店生意交流联盟”，建立了微信群和 QQ 群，定期组织一些活动，交流经营之道。同时外聘一些老师前来免费授课，条件是经营的产品免费进店，并在本市场形成良好的市场氛围。几乎 70% 的酒店都有其陈列产品，截至当年 11 月月底，酒店渠道销售额达到 109 万元。经销商表示，后续还会加深酒店渠道老板的合作，成立合资公司，共同运营××品牌。

酒店渠道作为目前非主流卖酒渠道，通过利用各种有利的社群营销形式进行培养和建设，依然可以取得很好的效果。

案例四：你买房付首付，我送酒

买房送酒也属于特定社群营销中的跨界营销形式，可以和地产商达成合作的意向。

江西某品牌经销商在招商和铺市前期，通过传统形式招商和铺市，效果一般。因此，商家和朋友（本市某开发商）联合开展促销，即经销商或者核心烟酒店需要跟商家签订 5 年的战略合作合同，支付与房子首付款等额的货款给经销商，经销商就可以帮开发商支付房子 50% 的首付款作为奖励，由合作伙伴与开发商直接签订购房合同。同时，商家和核心烟酒店享受正常的政策支持。在后续的销售过程中，若按时完成销售任务，还可以享受每月房贷的10%货物返利支持。

比如一套100平方米的房子，单价8000元/平方米，首付30%，合作伙伴只需要给经销商24万元。而经销商要为战略合作伙伴向开发商付50%的首付款（12万元），同时以分销价给合作伙伴24万元的酒水和正常的市场支持。据了解，商家已经通过这种形式销售出50多套房子，并且对此楼盘的销售也有一定的带动作用。

案例五：业余登山队、足球队、跑步健身联盟社群营销

随着生活节奏的加快，健康已经被越来越多的人重视。很多业余的登山队、足球队、跑步健身联盟等以健身为目的组成特殊社群。

河北某县级酒水商家的负责人是位“90后”，喜欢运动，也是一支业务爬山队的组织者。爬山队的队服均由其免费赞助，他将每个队员都发展成为××品牌的核心消费者和品牌宣传的“代言人”，同时把××品牌的产品定为爬山队聚会的指定用酒。

此商家也和本县内其他社群进行整合营销，主要以赞助服装和聚会用酒为切入点进行品牌传播和核心消费人群的培育，在社群营销的层面取得了很好的效果。

上述是笔者给大家介绍的几种社群营销的新模式，其实每一种都是很直接的模式，也是一种培养特定消费人群的连接点。商家和企业一定要注意社群营销合作的细节，尤其是产品层面，以免后续发生不必要的冲突。

4. 白酒“社区推广”的 6 种形式

白酒行业历经几年的调整，白酒商家也在这些调整中不断顺应行业的发展，并进行了自我调整。消费人群开始回归理性，大众酒开始盛行，人们更加关注品牌知名度。随着饮酒方式的变化，人们对白酒口感品质的关注度增强。

大众酒的推广更注重地面推广活动，包括路演、社区品鉴；走进群众，围绕节假日开展主题促销活动；突出性价比；注重社会性零散团购资源的整合、开发与推广。其中，最直接、最有效、成本最低的社区推广成为商家关注的焦点。

社区活动是经销商实现产品与消费者近距离接触的一种品牌宣传方式，通过产品展示、设点品尝、互动游戏、现场买赠等直观、生动、高效的方式实现针对消费者的品牌传播。白酒经销商通过社区活动可以培养试饮人群，促进终端客户开发，带动终端动销，提高通路成员的销售积极性。河南某商家通过社区推广和路演类型，仅 2015 年上半年全盘销售就取得了近亿元的销售额，笔者特意总结成优秀案例以供分享。

（1）社区推广活动的基本原则

低成本开展、高积极性拉动、精确性推广、直接性品鉴。

（2）社区推广地点选择

1）市、县级市场高、中、低档小区门口。

2）市、县级市场高、中、低档小区附近大型烟酒店、超市。

3）乡镇核心街道大型烟酒店门口。

4）乡镇核心街道十字路口。

5）乡镇、农村居民集中、核心生活广场。

6）销量较好的农村市场的核心商店门口。

7）乡镇集市时间在市场中心烟酒店、超市门口。

（3）社区推广主要采取的6大形式

形式一：现场免费品鉴。

1）现场××品牌推广人员向到场的消费者提供产品赠饮，主要品鉴目前市场主推的产品。

2）在消费者品鉴的过程中，对产品做详细介绍。

3）在消费者品鉴完后，询问消费者对产品口感的评价、意见和建议，并做详细记录。

4）现场服务人员一定要热情、微笑、耐心，提供专业的服务。

关键点：在品鉴过程中，服务人员要用标准化的“产品解说词”进行讲解。其中，包括产品的名称、生产企业、品牌价值、口感优势、产品特性、包装亮点、适应场合等。同时要认真听取消费者的意见并记录下来，另外还要索要消费者的联系方式，后期务必进行回访，将其逐渐发展成为公司重视的消费者或者团购客户。

形式二：现场促销。

1）现场购买两瓶价值96元的××产品，赠送价值28元的雨伞一把。

2）现场购买一箱价值288元××产品，赠送价值99元的电水壶一个。

3）现场购买两瓶××产品，赠送价值78元的高档水杯一个。

……

奖品选择：以实物为主，如生活必需品、主题促销品，或联合经销商自有店铺赠送的购物券。

关键点：所有赠品最好是品牌的主题促销品，在赠品上面配备产品名称或者瓶型广告，从而起到品牌宣传的载体作用。同时针对赠品做堆头陈列，更加直观地让消费者体验活动的冲击力，现场服务人员也要标准化、流畅化地向消费者介绍活动政策。

形式三：刮奖、摇奖。

现场购买××品牌任何一款产品，均可刮奖（摇奖）一次，100%中奖。

奖品选择：打火机、纸抽、小酒、烟灰缸、水杯、T恤等（均为主题促销品）。

关键点：一定要营造现场气氛，把消费者的积极性调动起来，提前把刮奖卡、抽奖箱、摇奖架准备到位，所用材质不要太“寒碜”而影响品牌形象，也可以联合附近烟酒店共同开展此活动，共同承担奖品。

形式四：广场舞表演。

凡是现场5人以上身穿××品牌T恤跳一支广场舞，均赠送一瓶100ml小酒。

关键点：利用全民健身，广场舞为主要形式之一。商家根据自身实力，准备所需的音响设备，并安排好现场拍照、签字、索要联系方式等环节，收集的这些信息可在后期跟踪时用到。

形式五：生日当天，免费领酒。

凡是生日与活动时间一致的消费者，当天可凭身份证现场领取一瓶××品牌100ml的小酒。

关键点：现场拍照、签字、索要联系方式等，作为后期跟踪客户的信息。

形式六：店内寻宝，领取代金券。

联合社区推广地点附近的烟酒店开展活动，凡是在此烟酒店找到××产品三瓶并拍下三张照片的消费者，均可获赠此店铺10元代金券一张（满38元才可使用）。

关键点：增强消费者的互动性，前期和烟酒店或者超市必须进行沟通，明确费用分配方式。同时提升此店铺知名度、营造好整体销售氛围，开展联合促销。

除了这里介绍的6种主要社区推广形式之外，还包括扫二维码送小酒、关注订阅号送代金券、现场定婚宴用酒额外送豪礼、现场购酒送经销商自有店铺代金券等多种形式，可根据商家自身的实力和资源合理开展社区推广活动。

（4）社区推广活动准备

1）活动现场人员安排，不低于5人。

2）活动现场所需的产品准备充足。

3）活动现场所需要的广告物料、促销物料、促销品、奖品准备充足。

4）活动现场人员统一穿着××品牌主题T恤衫。

5）活动现场所需的纸、笔、本子、纸杯等必需物品准备充足。

6）活动开展最佳时间为15:00—18:00。

7）经销商提前预留应急车辆，避免天气影响。

（5）社区推广主要物料清单

推广单品（不低于10箱）、产品宣传展架、产品活动展架、品牌主题四角帐篷、促销活动DM单、桌子、4张凳子、一次性纸杯、条幅、爆炸贴、笔、纸、T恤衫、奖品、摇奖箱、抽奖券、幸运转盘、代金券、备用车辆、广告扇等。

在白酒淡季，社区推广是一种低成本、高回报的宣传形式。

安徽阜阳的金种子企业的种子酒，无论白酒淡旺季，其表现得都比较活跃。正因为其市场活跃度高，才成就了它在许多县级、地级市场的王者地位。种子酒喜欢在淡季联合政府部门的文化单位组织一系列的下乡文艺演出、社区活动，结合现场买赠、免费品尝、有奖问答、赠送小礼品、惊喜抽大奖等，吸引消费者参与互动，加强消费者对品牌的认知。

白酒淡季，经销商要逆境求生存，走进广场、走进社区、下农村，加强流动终端的创建与推广。在消费者意料不到的情况下，主动与他们接触，增加消费者对白酒的品牌联想度和参与度，取得较好的销售效果。

5. 样板市场到底该如何打造

样板市场，即企业通过资源侧重、资源聚焦，着力打造的品牌认可度、品牌形象宣传、终端铺货率与生动化、终端促销、人员管理与维护等一个或多个方面均具有典型代表性、可复制性的榜样市场。

与企业建设样板市场的目的及资源投入等相对应，样板市场无绝对的大小之分，样板店、样板街、样板区域均是样板市场的表现形式。企业通过打造样板市场，对资源进行整合、聚焦，夯实根据地市场，提升产品品牌形象，形成标准化模式并予以全面推广，进而拓展良性市场、增强渠道或终端信心、构建市场布局。对于大商和企业来说都具有重要的意义，那么样板市场该如何打造呢?

样板市场选择的标准

（1）企业的产品或者品牌在本市场影响力比较大，消费者认可度比较高，比如泸州老窖在唐山市场、古贝春在德州市场、衡水老白干在石家庄市场等。

（2）市场酒水容量比较大，单区白酒容量至少5000万元。

（3）经销商渠道掌控力强，操作酒水经验丰富，网络覆盖本区域内90%以上的终端。

(4) 经销商对本品牌重视程度高，重点运作本品牌，拥有厂商共赢意识。

(5) 经销商资金充足，拥有良好的经营口碑，团队健全，执行力超强。

(6) 经销商可以很好地配合执行各项市场策略，厂商配合程度高。

(7) 区域市场同价位产品的竞争相对较小的市场优先。

样板市场打造流程

1. 产品组合选择

市级市场：全品项导入，实行价格全方位覆盖，以中高档价位为主导，重点打造主力产品，通过中高端产品形象拉动中低档产品销售，带动全渠道动销。

县级市场：以中档产品为切入点，资源聚焦、精准定位，通过主导产品的实际动销推动中高档价位产品实际销售。

2. 渠道“1+5+N”模式建设（图3）所示

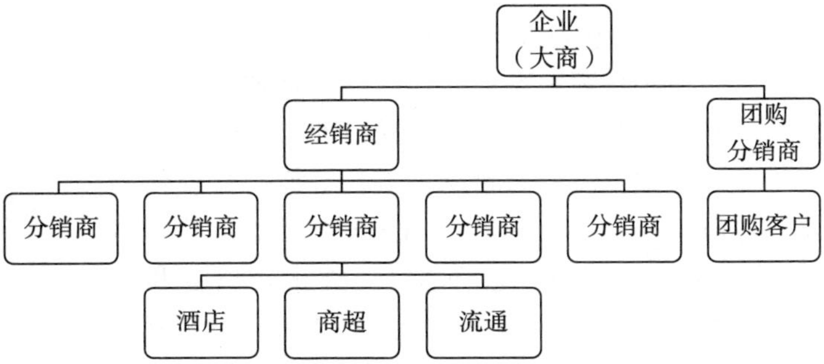

图3　渠道“1+5+N”模式

说明：

（1）“1”即区域品牌一级经销商，所在市场分系列进行产品招商。

（2）“5”即区域单品二级经销商，在一级经销商的基础上大力发展分销商，实现区域内无缝隙覆盖，确保产品在市场的铺货率和占有率。

（3）“N”即区域单品团购经销商，针对重点区域、重点渠道进行全方位覆盖。

3. 终端建设（如表3～表6）所示

表3　终端建设

渠道名称	整体铺市率	核心网点建设	形象网点建设	常规网点
烟酒店	95%以上	10%	20%	65%以上
酒店	60%以上	5%	10%	45%以上
商超	100%	根据市场情况待定		

表4　烟酒店终端生动化建设标准

建设标准	核心终端	形象终端	常规终端
选择标准	1. 政府、事业单位、大型企业周边 2. 经营酒水5年以上，信誉度好 3. 主营高档白酒及葡萄酒 4. 年酒水销售额不低于100万元 5. 具有稳定的团购客户资源	1. 主街道旁边、酒店密集区 2. 店面形象好，经营面积不低于30平方米 3. 店老板客户信誉比较好、配合度比较高 4. 酒水经营面积不低于营业面积的50% 5. 背后具备一定的团购资源	1. 酒类产品经营不少于店面营业额的30% 2. 有良好的商业信誉

续表

建设标准		核心终端	形象终端	常规终端
生动化标准	门头制作	制作××品牌统一形象门头	制作××品牌统一形象门头	根据店面情况选择性制作
	灯箱片	室外安装××品牌灯箱，室内制作统一形象灯箱片	室外安装××品牌灯箱，室内制作统一形象灯箱片	选择性制作
	产品陈列	1. 全品项陈列，每个单品开盒陈列，不低于三瓶 2. 根据产品价格高低，由上至下纵横陈列 3. 制作××品牌专用陈列柜	1. 全品项陈列，每个单品开盒陈列，不低于三瓶 2. 根据产品价格由高到低纵横陈列	全品项展示，以主推单品为主要陈列对象，至少三个陈列面，其他产品至少一个以上陈列面
	价格标签	根据产品配置统一的价格标签	根据产品配置统一的价格标签	根据产品配置统一的价格标签
	堆箱陈列	主打单品空箱展示不低于10个	主打单品空箱展示不低于8个	主打单品空箱陈列
	橱窗展示	店面橱窗制作喷绘单透	店面橱窗制作喷绘单透	选择性制作
	易拉宝	放置店内醒目位置	放置店内醒目位置	无
	海报	节日期间店内、店外悬挂灯笼	节日期间店内、店外悬挂灯笼	店内张贴主打产品海报

注：①建立战略联营体，大力挖掘团购资源；②重点塑造品牌形象。

表 5　商超终端生动化建设标准

<table>
<tr><th colspan="2">建设标准</th><th>核心网点</th><th>形象网点</th><th>常规网点</th></tr>
<tr><td colspan="2">选择标准</td><td>1. 全国连锁 KA 大卖场
2. 人口密集型集散区，卖场内客流量大</td><td>1. 全国连锁或区域性大型卖场
2. 商业密集区、人流量大</td><td>商业信誉度好，无倒窜货现象</td></tr>
<tr><td rowspan="4">氛围营造</td><td>产品陈列</td><td>1. 根据价格高低，由左至右、自上而下全品项集中陈列
2. 端头陈列、节假日地堆展示</td><td>1. 根据价格高低，由左至右、自上而下全品项集中陈列
2. 端头陈列、节假日地堆展示</td><td>全品项集中陈列，每个单品至少 4 个陈列面</td></tr>
<tr><td>橱窗展示</td><td>店面橱窗制作喷绘单透</td><td>店面橱窗制作喷绘单透</td><td>选择性制作</td></tr>
<tr><td>购物车、存储柜、电梯口</td><td>购物车制作统一××品牌形象广告画面</td><td>购物车制作××品牌统一形象广告画面</td><td>无</td></tr>
<tr><td>室内吊牌</td><td>根据节假日分布分期制作</td><td>常年制作××品牌形象吊牌</td><td>选择性制作</td></tr>
</table>

表 6　酒店终端生动化建设标准

建设标准	核心终端	形象终端	常规终端
选择标准	1. 政府、事业单位、大型企业周边 2. 有固定的企事业单位消费群体 3. 老板诚信度高、主营高端白酒产品	1. 城区繁华中心地带、酒店形象好 2. 客流量大、上座率高	能销售××品牌同等价位产品的终端网点

续表

建设标准		核心终端	形象终端	常规终端
生动化建设	产品陈列	1. 产品陈列在吧台中间、平行位置 2. 靠近客流量高的区域的位置 3. 邻近酒店领导品牌的位置 4. 以中高档产品为主，单品两个陈列面，产品集中陈列	1. 以高档系列为主、中低档系列为辅 2. 靠近吧台、收银台中间位置陈列	以中低档系列为主要陈列，每个单品至少两个陈列面
	主题包厢	主题包厢内氛围营造标准： 1. ××品牌产品展示柜，制作××品牌展示墙 2. ××品牌产品手册，悬挂××品牌精美裱画 3. ××品牌抽纸、烟灰缸、易拉宝等物料	主题包厢内氛围营造标准： 1. ××品牌产品展示柜，制作××品牌展示墙 2. ××品牌产品手册，悬挂××品牌精美裱画 3. ××品牌抽纸、烟灰缸、易拉宝等物料	根据产品配置统一的价格标签
	橱窗展示	店面橱窗制作喷绘单透	店面橱窗制作喷绘单透	选择性制作
	易拉宝	放置店内醒目位置	放置店内醒目位置	
	门头	无	无	无针对性制作××品牌统一门头

4. 运作模式

（1）导入直、分销模式，企业（大商）人员协助区域经销商操作市场，以核心网点的直销带动分销，终端协销管控渠道，提高对核心渠道、核心终端的掌控力。

（2）通过协销队伍的区域划分有序地引导分销商进入区域，逐步实现区域闭合，不断提高增值服务，进一步牵引渠道。

（3）厂家和总经销共同对分销客户和重点客户（批发部）进行引导，发挥各自在分销过程中的职能优势，实现对客户的全面掌控。

（4）价格模式：严格控制批发环节的利润空间的幅度，实现刚性价格顺价销售。

（5）采用全控价模式，由企业和商家共同掌握市场投入资源，确保市场价格体系稳定。

5. 推广策略

（1）根据市场的整体推进进度，通过“线上 + 线下 + 终端 + 活动宣传”的推广形式进行立体式传播、整体传播策略及媒体的选择，根据市场的特性进行有效组合。地级市场以塑造品牌概念、强化品牌形象为目的，结合 × × 品牌全国扩张的战略进行品牌升级，线上推形象，线下拉主导，多形式、多渠道交替传播，提升品牌拉力；县级市场以“线下 + 终端”为主要传播载体，拉动实际动销线上具体推广策略及推广标准。

（2）媒体选择：省级卫视、高速广告、户外大牌、户外 LED 显示屏、报纸、党刊、公交车体、公交站台。

（3）每年组织两次以上影响力较大的活动公关（如体育赛事、党政实事等）。

（4）打造三个以上重点乡镇及两条亮点街道。亮点街道终端铺货率 95% 以上，针对终端制作统一形象门头和刀旗。

（5）针对消费者开展阶段性活动促销，针对经销商和分销商召开客户联谊会，客户联谊会每年组织5次以上。

样板市场的打造是一个长期的过程，需要大量的人力、物力、财力作支撑。其中，最重要的就是团队建设和基础工作建设，只有这样，好的营销策略才可以得到良好的执行。

6. 白酒商家如何打造乡镇样板市场

随着白酒消费渠道下沉，地级市场竞争日趋激烈，乡镇市场成了商家关注的焦点，并被作为销量的增长点。

打造样板乡镇市场是指商家聚焦有限资源，在客情关系良好、配合度高的终端做好氛围营造、垄断性陈列等工作，建立白酒品牌核心终端，从而使乡镇市场品牌氛围提升，促进销量提升。

打造、推进样板乡镇市场，能起到榜样、标杆作用，能带动周边，能够积累正能量，磨炼业务团队，提升整体作业水平。下面笔者对国内白酒中等价位知名品牌在乡镇市场的运作方法进行分析、总结，并详细阐述如何打造样板乡镇。

样板乡镇基本选择标准

（1）人均销量：人均销量至少达到100ml/年的乡镇。

（2）终端覆盖率：覆盖率相对较高的乡镇优选。

（3）渠道掌控力：经销商渠道掌控力强，经销商与终端客情关系良好的乡镇。

（4）配送能力：经销商的配送能力良好，对样板乡镇配送及时。

（5）经营理念：经销商认同品牌运作理念。

样板乡镇产品组合策略

选择完目标样板打造乡镇后，充分了解该乡镇市场的白酒消费情况，让主导产品、战术产品、特殊规格产品、年节产品充分发挥不同的功能，优化区域产品组合。具体产品策略如下：

（1）主导产品主要占据乡镇白酒销售主流价位，承担主要销量，承载品牌核心价值与形象，施行目标乡镇全渠道运作。配合核心店做好宴席活动，注重口碑传播，做到稳价保量。

（2）战术产品则负责充分挖掘消费力提升和消费多元化的市场潜力，丰富产品组合，满足渠道利润需求，做到广泛覆盖，减轻主导产品的压力。

（3）特殊规格产品，如小酒、半斤装，则针对小酒消费氛围较好的市场，在餐饮渠道作为主销产品运作，在大小餐饮店快速铺市，物料宣传到位，结合消费者促销活动，快速上量。

（4）年节产品，如礼盒装等，平时维持价格体系的刚性表现和基本陈列，年节时，经销商可开展大力度的消费者促销活动。

样板乡镇渠道操作策略

乡镇白酒消费渠道主要为流通烟酒店渠道和酒店渠道。应选择乡镇市场认同的白酒品牌，以及具有良好的信誉，无窜货、乱价、销售假冒伪劣产品等前科的终端店面。根据具体情况将终端店面分为核心店、陈列店，并制订不同的进店政策、氛围标准。

1. 有针对性地制定进店政策

（1）核心店：将同价位产品销量较好的终端及地理位置优越的网点作为核心店，全品项陈列面12个以上，选择签订年度陈列协议、坎级奖励协议、大陈列或专柜陈列协议，配置宴席资源做动销，进货时也可考虑以物料制作为进店条件等。

（2）陈列店：针对乡镇区域内的小网点，首次铺货坎级以小为宜，进货现场赠送礼品以实物为主（终端能够变现或常用的礼品，如饮料、食用油），同时签订陈列协议，由易到难开发。根据店内销售情况，在中秋、春节期间等重要节点签订阶段性陈列协议、坎级奖励协议等，平时靠回访、客情关系维护使排面最大化。

（3）核心酒店：选择签订年度/季度陈列协议、坎级奖励协议、大陈列或专柜陈列协议，铺货坚持先易后难原则，快速实现首轮铺货，促销物品可选择大米、洗洁精等实用物品。

2. 动销工作

（1）经销商积极邀请乡镇单位核心人物、终端老板等参与一桌式品鉴会。

（2）给予核心终端品鉴酒支持，激励核心终端开展一桌式品鉴会。

（3）在核心烟酒店、酒店开展免费品鉴活动。

（4）对终端老板设置“宴席推进奖励”“第一推荐奖励”，奖励终端品鉴酒，提高终端推荐本品的积极性，提升产品动销率。

（5）组织人员不定期定点协销。

（6）不断开展促销活动、堆码展示奖励活动，买酒赠旅游等。

3. 客情维护

（1）经销商通过定期邀约核心客户聚餐、订货送旅游活动、节假日赠送礼品、喜事随份子钱、及时处理终端异议、协助终端动销等方式，逐渐建立稳固的客情。

（2）业务员真诚与终端沟通，用心帮助终端老板处理其他相关事情，并在终端老板生日、家有喜事时赠送鲜花、蛋糕等。还可以根据终端老板的喜好，适时馈赠小礼品。

（3）在乡镇举行订货会，召集乡镇客户齐聚一堂，在加深客情关系的同时进行压货。

（4）业务员需要增加拜访陈列店的频次，并适时地向终端老板馈赠小礼品、促销品。

样板乡镇的氛围营造

1. 终端店面生动化

聚焦资源围绕核心终端营造热销氛围，将30%~40%的终端建设成核心终端。在核心终端开展氛围营造、产品陈列、产品堆码、驻点促销、渠道促销、消费者促销、免费品鉴等工作，除核心终端外，还需建设30%~40%的陈列终端，以提升铺货率，并在陈列终端做好产品陈列、价格标签等工作。

2. 充分利用墙体广告

墙体广告通达率高、成本较低，在乡镇的交通要道进出口处，多做墙体广告。对合作店面的墙体广告必须深度挖掘，能做必做。墙体广告是天天可见、无法拒绝的强制性广告。

3. 乡镇公交车身广告

车辆的活动范围广、浏览人群多，是比较理想的广告媒体，是新兴的乡镇广告媒体。对于县级市场来说，投放车身广告时要求遵循自下而上的原则，即在从乡镇到县城的车辆上投放广告（样板乡镇到县城的公交车）。

4. 促销活动与宣传相配合

注重与消费者互动，促销前需要充分宣传促销活动，促销时营造热烈的活动氛围以刺激购买。需注意宣传物品要贴近乡镇的生活，配合促销活动，多采用给消费者带来实惠的广告形式，多制作实用性高的宣传物料。

样板乡镇的组织陪衬

1. 销售团队

以县级市场为例，两人一组（一名销售人员 + 一名司机），一组负责 2 ~ 3 个样板乡镇，一天集中走访 1 ~ 2 个乡镇，样板乡镇拜访频率能达到 2 ~ 3 次/周，在产品铺货阶段也可作为铺货突击队，集中在样板乡镇铺货。

2. 活动推广团队

经销商组建专门的活动推广团队，定期开展终端免费品尝活动、乡镇推广活动等。

3. 促销员

通过打造促销员团队，在烟酒店、酒店终端开展各种活动及定点协销等。

4. 酒店暗促

通过设置瓶盖费及建设终端客情，逐渐打造一批酒店暗促销售团队，共同开展白酒品牌产品的销售与推广工作。

5. 终端老板

通过签订定点店、建设终端客情，让终端老板成为白酒品牌产品第一推荐人，与经销商一起做好白酒产品的销售工作。

上述是笔者针对现在白酒品牌如何打造样板乡镇的一些见解。笔者认为，样板乡镇作为白酒销售的增长点，要想获得一定的成效，一定要从产品、渠道、价格、品牌推广、消费者、组织等多方面考虑，才能在乡镇市场获得一定的市场份额。

7. 乡镇市场“1+N”和“一十百”双模式操作

乡镇白酒市场消费能力在逐渐提升，虽然消费档次和城市无法比，但在消费量上已经远远超越城市。尤其是百元内中低端产品，乡镇市场和农村市场销量更是远远地超过地级城市。乡镇消费者具备随意性、豪饮性、无商务喝酒压力性三重特点，尤其是婚宴市场，更是可以看到几个人在酒桌上大喝的状况，行业的调整并未给乡镇市场和农村市场造成太大的影响。

笔者根据自己的经验和市场的实战经验，总结出乡镇市场“1+N”和“一十百”双操作模式的操作实战技巧，以供以乡镇市场为主要盈利点的白酒经销商参考。

“乡镇1+N模式”

“乡镇1+N模式”的“1”是指在乡镇设置一个代理商（经销商）或者二级批发商。尤其是县级市场难以招商的品牌，可以从乡镇着手，降低打款要求，从乡镇培育开始。

“乡镇1+N模式”的“N”是指在本乡镇有多少个行政村就发展多少个核心分销商，并且在每个村子就发展一个分销商，给予其较高的利润或者返点（适用于盒装酒，光瓶酒不建议采用）。

“N”的操作要求：

（1）所选取的N个终端必须参加产品陈列活动并尽量做到生动化，必须有××品牌门头（资源不匹配的可选择其他有效的终端物料，但是氛围在本店内必须是最佳的）。

（2）在所选取的N个终端店内不定期开展终端地推活动，比如抽奖、买赠、促销、婚宴宣讲、直接品鉴等活动，连续开展不短于3个月。

（3）所选取的N个终端店的老板必须对本村内将要举办婚宴的家庭十分熟悉，无论是否使用本产品，均要登门拜访推荐，做到“有品鉴，即选择，无选择，但了解”。

“一十百”操作模式

“一十百”的“一”是指针对终端每月一小会，每季一大会。小会可以以沟通客情为目的，大会主要以终端铺市政策告知为目的，全面贴近终端的服务，建立良好的客情关系。

“一十百”的“十”是指在乡镇及管辖的农村里培育十家核心酒店。导入初期（前三个月），在核心餐饮终端开展有奖销售活动，如免费体验式品尝、喝酒赠菜、空瓶换酒、盒内投美元、抽奖等。在产品动销困难的零售终端采取买酒赠××活动（赠品一定为名牌产品，最好在培育期赠送耐用品、动销期赠送消费品、产品畅销期赠送本品，并且要“巧立名目”，给搭赠产品一个理由）。

除此之外，这十家酒店必须做到“氛围第一、动销第一、推荐第一、婚宴第一、客情第一”，在资源使用层面也可以略有侧重，即使其在周边餐饮店中成为××品牌的“独家”。

“一十百”的“百”是指在乡镇发展100家年销量在一万元以上的核心终端店。企业或者平台商协助乡镇代理商签订核心终端协议，返点由乡镇代理商承兑。对销量比较大的终端店可以进行赊销（厂家承担一定比例），二次进货时补足货款。

对核心酒店实行买断陈列面或有奖陈列的政策，控制费用投入。比如摆满三种产品6个排面达半年，月返M酒一箱或一瓶，或所有在架产品全部赠送等。享受买赠优惠政策，按照进货（主力产品）数量分为大组、小组。比如每进货10件为一大组，赠电风扇或机顶盒一个；每进货5件为一小组，赠饮料一箱或计算器一个。终端进货的设置基数要小，基数过大易导致终端店害怕占压资金从而放弃进货，量大的终端店可个性化操作。

定期组织终端店老板参加品鉴会和厂家组织的旅游活动，比如可月度或季度邀请核心终端老板参加一次品鉴会维护客情，旅游活动可与进货政策相配合。

乡镇市场产品销售还包括企事业单位团购、喜宴团购、双节期间送礼与自饮，这三方面销售约占乡镇市场整体销售的95%。因此，乡镇市场的操作必须紧抓企业单位团购和喜宴团购，着重“关照”重点公关意见领袖举办的喜宴，导入经营产品，从而起到较好的带动作用与品牌宣传作用，借助核心终端店的乡下渠道网络拉动喜宴团购，打造乡镇的无形喜宴团购网络。

对于没有核心终端店的农村可以发起“农村管家”的公关宴请，收集乡镇喜宴信息，同时，每成功介绍一家给予其100～200元的奖励。

乡镇市场对白酒产品的消费还集中于中秋节、春节，这两个节日是自饮和送礼的高峰期，在通过对意见领袖的公关、喜宴团购的拉动后，组织符合乡镇消费特点的促销活动尤为重要，能够对产品的销售形成较好的带动作用。

最后，做好终端氛围营造工作，比如制作门头、灯箱、展架、货架贴、海报、堆箱陈列、广告挂历、橱窗贴、瓶模等，给消费者留下较深的印象。

8. 光瓶酒乡镇市场和农村市场操作“1234”工程

光瓶酒作为广大“穷苦老百姓”青睐的产品，在乡镇市场和农村市场表现得最为亮眼。老村长、龙江家园、牛栏山等白酒品牌以光瓶酒叱咤风云，在山东、河南、河北等区域做这些品牌光瓶酒的经销商虽然操作市场很辛苦，但在行业激烈竞争环境下盈利还算稳定。除此之外，河北的小刀、湖南的酒鬼三两三、邵阳老酒、山西的汾酒玻汾等光瓶酒销量也在一定的区域市场有所增长。

乡镇和农村市场作为中低端光瓶酒销售较好的区域，笔者特将光瓶酒乡镇市场和农村市场操作总结为“1234”工程，即1个推广为核心、2个操作基本点、3个市场关键要素、4个动作基本原则。

节奏一：以1个推广为中心

以“培育消费者品牌认知度”为推广核心，紧紧围绕此中心，通过对企业介绍、企业历史、产品配方、产地、原材料、生产工艺、产品口感、企业荣誉、消费者评价、饮用方法等内容的话术，多角度阐述光瓶酒产品品质的优越性，对消费者进行产品内涵的全方位传播，使广大目标消费者对这个品牌的整体形象有一个深度的了解。在推广前期就要树立以消费者为中心，培养消费忠诚度，培育市场，打造市场长期健康良性发展的营销价值观。

节奏二：以2个操作为基本点

1. 一套系统性的市场政策

笔者建议将市场政策设置成坎级政策，毕竟乡镇和农村的终端“水平”参差不齐。最好选择进货搭赠形式，以实物、本品、畅销品作为搭赠的对象。比如铺市政策（以半件为一组起铺）：

基本要求：陈列一层端架，或者6～8个排面，确保产品进入网点后的陈列面，加大产品的曝光率。

（1）坎级一：进半箱送价值14元的1.5L百事可乐两瓶。

（2）坎级二：进一箱送价值35元的牛奶一箱。

（3）坎级三：进两箱送价值70元的某品牌大豆油一桶。

（4）坎级四：进5箱送价值150元的电热毯一条。

（5）大奖坎级，进10～20箱陈列的方式：凡进10箱以上，出两层以上的端架，或两箱为底的地堆可以给予陈列费支持，每10箱陈列费为150～200元/月。

（6）二级批发商的铺市政策：每10箱为一组，除享受促销政策外，还可以优惠8元/箱，必须有地堆陈列。

2. 一支完备的市场队伍

团队是任何工作得以落地的保证，没有完整的团队，再好的策略也是零。笔者认为，一般3～5个乡镇配备一个业务经理即可，前期铺市阶段可以三个人为一组集中作业。比如每天开发网点不少于10家，出货不少于20件，完成目标即给予奖励。对于业务团队，每周都要开展业务培训交流会议，分享工作中遇到的经典案例，共同解决遇到的疑难问题。

节奏三：抓好3个关键要素

1. 赠酒活动牵引进行消费体验

一个新品牌的导入自然需要一定的市场策略，赠酒活动是目前光瓶酒操作乡镇市场和农村市场较为有效的模式。赠酒有两种方式：一是在铺市的餐饮店开展免费赠酒活动，可以和餐饮店联合促销来操作；二是以“地推展销”形式开展落地性活动进行赠酒，即买即赠，或者免费品尝。

2. 做透农村市场氛围

光瓶酒的市场营销是立体战，媒介传播是空军，地面推广是陆军，最终实现临门一脚，实现消费者购买。因此，地面市场氛围也很关键。氛围营造强调快速覆盖，从而形成冲击力，要有“忽如一夜春风来，千树万树梨花开”的感觉。表7所列为市场氛围形式及物料。

氛围营造的手段不宜多，把关键的一两种做深、做透，做到极致，方可吸引消费者。氛围营造适宜以统一制作的物料为主，在旺季已经到来、时间紧张的情况下，可以快速提升覆盖速度和效率。个性化、当地化的物料辅助即可，不宜花费太多精力，否则会相应地增加管理成本和管控难度。考虑到城镇管理严格、竞争激烈，而光瓶酒市场的消费是大众化的，因此，要把宣传做到农村，建立“农村—乡镇—城区”三级氛围覆盖体系。宣传进村，产品扎根。

表 7　市场氛围形式及物料

户外氛围形式		终端建设形式	
统一性物料	个性化物料	店外	店内
统一规格的小巨幅喷绘、喷绘条幅、围挡	乡镇单独申请的山墙、大型喷绘	核心终端：橱窗贴、围挡；普通终端：围挡、海报	针对大型卖场、大型乡镇私超、连锁商超、批发等部分核心终端；与礼盒排面集中陈列，价格牌、跳跳卡；个性化大型喷绘、包柱、围挡等。批发门店：门口堆箱陈列；与礼盒联合地推（围挡包）、端架，明促

除此之外，还可以安排员工统一集中开展乡镇社区放电影（片中穿插广告及专题）及现场与消费者互动等活动。

3. 铺市率与重点终端的集中陈列

点面结合，以点带面。光瓶酒要做成流通产品，需针对核心终端建设形象店。通过这些人流量大、销量好的网点的重点建设，推动普通网点的销售，最终实现以点带面。

重点终端建设标准：

（1）至少有两种以上的氛围包装组合形式，如橱窗贴、海报等。

（2）各产品价格稳定，始终坚持本品指导零售价。

（3）有专门的端架或排面，实现光瓶酒全品项陈列且产品陈列整齐，同一产品陈列都在同一水平线上，产品清洁无灰尘。

（4）业务员至少每周回访一次，客户卡张贴完好，客情关系良好，能时刻配合做促销活动。

（5）业务员定期宣导产品相关知识和活动，终端对产品知识和活动有一定的认识，能积极配合相关推广活动。

以“样板终端打造带动分销，终端协销管控渠道，不断提高增值服务牵引渠道”为操作要领，通过费用前置重点打造核心网点推动分销，以队伍协销模式推动铺市率的全面拉升。

节奏四：稳住 4 项基本原则

1. 聚焦原则

紧紧围绕“培育消费者品牌认知度”进行整合传播，从而提高传播效率。

2. 精准原则

针对目标消费者，通过赠酒活动进行数据库营销，一对一精准化进行品牌和产品宣传，提高营销效率。

3. 中心原则

中心造势，周边取量，优先把核心乡镇及农村做深、做透，对周边乡镇市场和农村起到示范和带动作用，从而提高综合运营效率。

4. 集中原则

户外终端适宜采取一两种传播形式，要么不做，要做必须做到极致，最大限度地带来消费冲击力，提高传播效率。

希望上述内容对光瓶酒的经销商操作乡镇市场和农村市场有一定的帮助。

9. 酒水新品区域市场上市4步走

酒水新品的上市推广不能像往年一样，经销商直接打款进货后，按照指导价格铺市卖货即可，行业的竞争、渠道的竞争、网络的冲击、消费选择都增加了新品上市的难度。平时也有一些商家咨询笔者，新品上市之前要做哪些准备，需要做哪些工作。下面为大家阐释酒水新品区域市场上市的几个步骤。

步骤一：确定5项政策后再上市

良好的策略可以事半功倍，盲目开始则事倍功半。开局不顺容易损伤士气，将市场做成“夹生饭”，因此要特别注意。要求事先定好以下政策：

（1）定陈列政策。即有奖陈列做排面，需提前拟定好陈列合同。比如要求××产品3×3陈列，保持排面则每月赠送一瓶本品。陈列政策是目前核心终端展示最有效的手段，商家可以根据自身的市场状况进行调整。

（2）定首单政策。即首单有奖促进货，要求得奖门槛低，主要是刺激进货。比如现金进两件××产品即可获赠一瓶食用油

（或米、面、电饭锅等价值感较强的实物），仅为首单活动，之后不可延续。

（3）定核心店政策。提前拟定核心店政策并准备好核心店合同，主要流行的基础项目有月度返利、季度返利、生动化奖励、婚宴推荐奖励、品鉴会支持等。

（4）定上市主题活动。即配合上市的消费者主题促销活动，主要是通过活动宣传营造氛围，通过促销降低动销难度，提升消费者首次购买的概率。

（5）定业务员激励政策。兵马未动，粮草先行，需要设置的基础奖励项目有：

1）销售提成：当月发放60%，年终发放40%。

2）任务达成奖：设定月度任务目标，如达成该目标则给予固定奖励，或者将当月销售提成乘以系数，如当月提成×1.1。

3）终端网点开拓奖：每开拓一个终端网点均给予相应的奖励。

4）阶段性奖励：包括阶段性铺市奖励、阶段性陈列奖励等。

上述5项内容是新品上市之前必须确定的，一些需要准备的材料也要提前准备完善。业务员也要提前进行系统性的培训，可以清晰地给终端传达市场的各项政策。

步骤二：5个要点选出目标网点

新品上市前还要全面摸排辖区内终端网点，有针对性地选择目标网点，酒水商家都明白“二八”原则的道理，切勿广撒网、全面开花，聚焦有限资源于有效终端，才能有好的结果。可按以下步骤进行：

（1）确定目标网点的类型。小瓶酒上市主要选择C类餐饮、小超市，盒装酒上市主要选择烟酒行。

（2）确定商业圈。比如“餐饮一条街”、核心办公区域商业圈、政府机关周边、中心广场周边均为主流商圈。

（3）贴近竞争对手选网点。优先选择同价位竞争对手销量大的网点，对终端网点提前分级，一般将终端网点分成三个级别：

1）核心店：能够和我方深入合作，签订核心店合同，是主要的动销、氛围营造、起量场所。

2）陈列店：店面位置较好、形象好，有一定的销售能力，是提高铺市率、补充氛围和补充销量的场所，与我方签订陈列合同。

3）普通店：条件一般或者合作意向弱，可以暂缓做工作。

（4）首批上市网点需集中。上市初期选择的网点要集中在某一优势区域，遵循先易后难、先核心区域后普通区域、每个区域跑透的原则。集中后便于聚焦团队精力、资源在小范围内营造氛围、制造动销，也便于开展后续工作。

（5）首批上市网点要备案。针对首批铺市的网点，商家一定要提前做好档案管理，把每一个网点的详细信息登记在案，比如姓名、电话、地理位置、享受政策、目前主销产品、店面规模、团购资源状况等，便于后续拜访跟踪。看似简单的工作，很多商家都没有重视。

步骤三：5步完成集中快速铺市

集中快速铺市优势明显：速度快、效率高，不让竞争对手有反应的时间，集体作业动作不易走形，可积累团队铺市经验，能快速制造影响等。集中铺市可按以下步骤进行：

（1）准备铺市工具。提前准备好终端拜访记录表、终端汇总表及需要铺市的产品、礼品、宣传物料（价格签、展架等）。

（2）规划铺市路线：提前分析计划铺市的区域，按照该区域的网点分布情况与交通情况规划出几条路线，按每个小组每天可跑透一条路线来规划。

（3）组建突击小组。组织业务员成立突击小组，一个小组一辆车、三个人的组合最佳，业务经理、业务主管亲自带队，业务员随队学习。

（4）突击铺市。带好工具，按照规划好的队伍、路线开始铺市，记得填写终端拜访记录表、终端汇总表。

（5）总结再回访。一个小组按规划跑完三条路线后，可以花半天时间专门研究总结，之后带着工具再将前三条路线回访一遍。

步骤四：分情况召开上市发布会

开大会即召开上市发布会，是目前区域市场集中上市的主要途径，可以通过会议快速产生影响。

上市前期召开上市会：如果经销商有良好的渠道资源，可以在铺市前将熟悉的目标客户集中邀请到一起召开上市发布会，会上集中公布政策，邀请大家进货，可以实现快速启动市场的目的。

上市中期召开上市会：如果经销资源一般，达不到上市即开会的条件，可以在完成首轮铺市后需要二次进货的时间节点召开上市发布会，集中公布政策，邀请大家进货。

上述是笔者针对酒水新品区域市场上市的一些见解，一个新品在一个特定的市场从进入到畅销是一个漫长的过程，也需要对消费者精耕细作才能做到。

10. 酒水招商 12 式

招商就是在特定区域找到经销特定产品的全过程。酒水招商一直是一个产品在一个特定区域是否可以长期发展的关键环节，选择一个优质的商家可以事半功倍。以下为笔者根据行业经验全面总结的十二种较为有效的招商方式。

地毯式走访招商

地毯式走访招商是最直接的招商方式，它主要是在企业确定招商群体后，针对竞争对手和相关产品的经销商有目的性地进行走访和沟通，传达企业的招商信息，进行招商。需要招商人员具备较强的体质和抗压能力，并且和客户沟通较为流畅，对产品政策和品牌知识了解透彻。

在开展地毯式走访招商之前，必须进行系统的培训，向每个招商的人员准确传达招商的信息；必须现场模拟考试，对在客户拜访中容易出现的问题做出相应的回答，合格即可“上岗”。

推荐指数：★★★★

媒体广告招商

媒体广告招商是常见形式，手段包括电视、报纸、广播、杂志、户外等，它主要是通过各种广告媒体将企业的招商信息传播出去，通过电话、传真、信件等方式收集客户资料，通过进一步谈判，引导人们来经销本企业的产品。媒体广告招商主要适合于以下两种情况：企业的业务员相对较少，而又需要快速开发市场；企业的产品具有一定的知名度，处于市场开发的后期，销售网络相对健全，竞争对手的经销商和相关产品的经销商已经没有合作意向，如果要进一步扩大市场，则需要寻找有闲置资金的潜在经销商，而这部分经销商无法通过业务员来寻找，只有通过广告的方式传播招商信息，将这部分潜在的经销商挖掘出来。全国性的招商广告发布媒体越来越集中，报纸方面主要有《糖烟酒周刊》《新食品》《华夏酒报》等，企业可以通过这些媒体发布招商信息。

推荐指数：★★★

会议营销型招商

会议营销型招商近几年被企业广泛接受，并且效果较好。一般要请名人或者专家做讲座，或者召开产品发布会、举办联谊会等。对中小企业来讲，招商会往往具有“多快好省”的优点，可以快速回笼资金、快速组建销售网络、快速将产品铺到渠道，同时还具有节省人力、物力、财力、时间和精力等优势。所以，很多企业都热衷于凭借招商会招商，并把它作为展示企业实力、树立自身品牌形象的窗口之一。

推荐指数：★★★★★

自媒体招商

随着电子自媒体的飞速发展，各个企业开始着力打造自己的公众号、微信号、APP 等。虽然自媒体还在发展中，但对酒水招商来说绝对是一种可以尝试的形式，因为通过自媒体可以提供一个展示企业和产品的窗口，让更多的消费者和商家对其有所了解。

推荐指数：★★★★

峰会、论坛招商

目前在全国省会级城市，都会不定期有行业主流媒体、杂志（微酒、《糖烟酒周刊》）等举办的各大高峰论坛。对于很多企业来讲，这是一个借势招商的绝佳机会。一般峰会都会邀请业内有关专家讨论讲解，谈一谈行业发展趋势，再解答一下经销商遇到的问题。对于目前行业竞争环境，很多经销商都想通过峰会获得新的思路和行业信息。根据笔者的了解，自媒体微酒在全国各地召开的微酒峰会效果很好，是酒水招商的首选。

推荐指数：★★★★★

全国经销商大会招商

每年众多企业都会召开全国经销商大会，对过去一年进行总结、对新的一年进行规划。一方面，为了传达厂家的战略及新政策；另一方面，推出主流产品的补充产品（新品）。一般会把新品捆绑在主流产品上进行相关政策引导，实力雄厚的经销商多半会代理新品以求拿到主流产品更好的政策。慕名而来的经销商暂时没有办法代理主流产品，只能通过代理新品的方式合理获得主流产品的配额。在此大会上，一般厂家会大手笔地奖励去年销售业绩比较突出的经销商。一方面，鼓舞原有经销商的士气；另一方面，吸引更多的经销商代理自己的产品。

推荐指数：★★★★★

主打样板市场做形象招商

主打样板市场做形象招商是指企业选择一个范围比较小的市场，引爆市场，利用样板市场的示范效应向周边辐射。其他商家只要看到样板市场的商家有钱赚，必然会有合作意向，就会主动联系企业或者大经销商洽谈合作。

样板市场的确立将是各招商厂家在深度招商中必须要做的战略规划。各厂家必须集中优势兵力，整合相关资源，充分调动市场各元素的积极性和能动性，建立招商厂家赖以生存和发展的区域强势市场。样板市场的建立，将有助于增强各招商厂家对经销商的说服力，从而更好地激发经销商的积极性，塑造经销商的自信心，实现招商厂家的战略目标规划。

推荐指数：★★★★★

渠道倒推招商

渠道倒推招商是指产品的导入市场前期，招商较为艰难，企业在某一市场寻找一个小的片区或某一渠道启动市场，前期可以设置办事处直营。只要经销商看到产品在该片区或渠道能销售，该市场上的经销商自然就会找企业谈经销产品事宜。

推荐指数：★★★★

内部招商（关系招商）

内部招商是指通过圈子里的朋友、熟悉的朋友、老经销商等，动用人际关系进行招商。一般适用于关系网络宽，对发展团购商或者乡镇分销商较为有效。

推荐指数：★★★

展会营销型招商

展会营销型招商是指通过糖酒会、食品交易博览会等政府部门举办的大型展会进行招商。展会营销型招商一定要记住一点：要么做最大的展位，要么做最小的展位，不大不小一定要做成最奇特的展位，目的只有一个，吸引经销商到你的展位前。做展会营销型招商最重要的一点就是如何能够快速地吸引经销商，最好能够现场解答经销商所有的问题，如果能够让经销商马上到公司参观，合作达成率就很高了。

推荐指数：★★★★

品鉴会招商

品鉴会招商一般是指在新品上市初期，企业或者大经销商选择一家高档酒店开展会议型新品品鉴会，邀请目标客户到指定酒店参会，品鉴产品的同时向商家介绍产品的招商政策，后续跟进洽谈达到招商的目的。目前此种形式比较受企业的青睐，无论是否招商成功，都对产品起到一定的宣传作用。

推荐指数：★★★★★

跨界招商

跨界招商是指在招商不顺利的形势下，选择其他品类产品的经销商进行招商，比如饮料、小食品、生活用品等经销商，通过多次拜访、回厂游、行业品鉴会等，让他们对酒水产品有一定的了解，最后达到招商的目的。笔者身边不乏有这种跨界的经销商进入酒水行业，对一些新品的推广也是一种不错的招商形式。

推荐指数：★★★★

除此之外，还有短信招商、电话招商、转介绍招商、酒店独立经销招商等多种形式，希望对招商的朋友有一定的帮助。

11. 酒水招商“面对面”谈判实战技巧

在白酒招商的道路上，要想获得最终的胜利与成功，谈判是非常重要的步骤。如果你的产品是客户非常想代理的，那么接下来就需要进行价格和合作的谈判。

谈判对象具有广泛性、多样性的特点。谈判人员要从实际出发，既要不失原则，又要随机应变，具有一定的灵活性，保证实现酒水招商谈判的基本目标。那么，白酒招商有没有谈判技巧呢？笔者根据自己的经验谈一下谈判的心得和具备的基础条件。

熟悉产品的优势、卖点

（1）熟练掌握招商品牌的基础优势。比如全国 10 大名酒，2014 年销售额突破 50 亿元；全国突破 1 亿元的县城有 30 个，突破 500 万元的乡镇有 300 个；目前在本区域计划投入 1 亿元操作市场，投入方面包括哪些（详细数据）。

（2）熟练掌握招商产品的优势。比如本产品获得国家 × × 机构的权威认证；消费者最信得过的品牌；本产品酿造工艺的优点、储藏工艺的优点、酒质产品的优点等。

（3）熟练掌握本次招商政策的优势。比如首次合作可以一比一对等投入，打款多少，投入多少；首次打款，公司给予50%随货政策和20%挤出市场投入；首次合作客户，公司安排一个专职服务人员全程协助做市场。

谈判语言技巧

（1）通过沟通了解客户的预留时间，并对谈判时间进行合理的计划。

（2）通过时间的预判，快速切入重点的谈判事项，如本次招商活动的内容及经销商的核心利益陈述。

（3）在区域经销商的谈判中，重点围绕区域市场畅销产品的推广、经销商如何盈利及经销商和招商品牌优势资源的嫁接展开。

（4）在经销商的谈判过程中，用多求教的方式引出经销商的话术。

（5）不轻易打断经销商说话，对经销商提出的问题快速做出回应，并进一步讲解经销商感兴趣的问题。

（6）在聆听的过程中，对经销商提成的问题不能现场答复时，记录在案，明确反馈经销商结果的时间。

（7）一次成功的谈判，聆听经销商讲解的时间一般占整个谈判时间的1/3。

（8）在与经销商的谈判过程中，聆听经销商的想法及关注点越多，成功的概率就越高。

常见问题应对

问题一：这个品牌在我们这边卖不动。

回答：××总，您看，我们这个品牌目前在全国已经实现××亿元的销售额，上半年就已经完成了全年的任务。目前公司重点打造华北、华东（西南、西北、东北、华中）市场，公司领导已经多次召开会议确定此战略，我相信对贵公司来说是一个机会，还望多多考虑。

问题二：产品是不错，可是价格这么高我们这边的消费者接受不了。

回答：××总，您说的这个问题的确是我们最关注的问题之一。价格和价值永远是画等号的。我们的产品拥有××技术、××工艺、××储藏环境、××包装工艺、××防伪技术、××真假辨别技术等，所以相对一些“粗糙”的产品价位略高。但是价位高正是价值高的体现，目前消费者升级明显，越来越注重消费产品的质量，因此我相信本产品和贵公司的合作一定可以全面打开市场。

问题三：目前我经营的产品太多了，没有足够的资金做你们的产品。

回答：××老板，您考虑的这个问题很正确，也是目前众多酒水老板考虑的问题。大家做生意都是想赚钱，没有做生意想赔钱的。其实，酒水老板考虑这个问题的根本是“能不能稳定持续地赚钱”，我们的这个品牌就是以这个根本为基本合作目的，和经销商相辅相成共同打造市场，在确保客户基本利润的同时，持续加大市场投入，全面运作产品和品牌氛围。请您放心，我们不做一锤子买卖，也不做对客户不负责任的事情。如果您觉得我们的首批款价格略高，我可以马上打电话向公司申请，争取可以和贵公司合作。

问题四：我感觉做你们的产品比较冒险，你们如何启动我们这样的市场呢？

回答：××总的这个问题正是我们公司战略发展过程中最重视的一个环节，就是如何帮助经销商实现铺市动销。首先，在客户打款、签订合同以后，我们公司会安排专职人员到本市场协助客户指定具体铺市动销执行方案，包括价格体系设置、产品促销策略、人员培训、产品基本知识内容等，同时我们公司也聘请了国内比较知名的咨询公司为我们指定全公司的发展战略，会把产品到您的仓库再到消费者的肚子里形成一个完整的营销体系，帮您打开市场。

除了上述技巧外，你还要向客户解释清楚：市场投入的比例；市场投入的方向；打款后产品发货流程、时间多久、费用的核销流程；费用核销的时间；广告物料和促销物料是否配备等。

其实，和经销商谈判最重要的是可以把公司产品的相关内容，详细、完整、流畅、专业地讲给客户听，让客户对你的产品和你的公司的战略有一个清晰的认知。另外，谈判不可能一朝一夕就完成，需要招商人员不断地拜访（软磨硬泡），最后达成合作。

12. 白酒招商话术这么说

2016年作为白酒行业转折性的一年，大部分商家和企业开始回暖，市场也在持续回升。对于大部分参展的企业或者品牌商来说，糖酒会结束后的首要工作就是“招商”，并且以“拜访式面对面沟通”招商形式为主。

在招商过程中，我们不免遇到各种各样的问题和困惑，不知如何回答客户，很多公司也会系统性地培训招商人员后才开展工作。在招商过程中都会遇到哪些问题？我们该如何回答？通过在招商过程中的实战经验和调研，笔者总结成标准话术仅供大家参考。

问题一：说实话，你们产品的酒质没问题，品牌也不错，不过现在新品做市场很难。

回答：×总，您说得很对。一个品牌从研发到上市再到被消费者接受，需要一个过程，知名度创建有一个过程，暂时没有知名度的东西并不代表不是好东西。做生意这么多年，您一定知道做新产品利润是最丰厚的，同样也是建立自己公司品牌的契机。比如我们湖南的×老板，一周出货400件，现在每个月都有1500件的销量。

关键点：借力打力，规避劣势，举例阐释。

问题二：现在做品牌，靠经销商肯定不行，还是要看你们公司怎么运作。

回答：×总，一看您就是对市场非常了解、对品牌运作特别熟悉的商家。现在的名酒商家几乎都是依托了企业的资源和运作才达到现在的程度。我们的品牌目前背后的资源是××集团的公司化运作，同时已经打造出了××品牌等。我们专门聘请了专业的营销策划公司和业务服务团队，关于市场运作方面您大可放心，我们面对的是全国市场，不是随便做做。

关键点：树立威信，背后资源，打消顾虑。

问题三：我也想和你们合作，你们产品价位太高了，在我们这里卖不掉。

回答：×总，您说的这个问题的确是我们最关注的问题之一。价格和价值永远是画等号的，我们的产品是××酒厂原厂生产，国家级酿酒大师××亲自勾调，相对一些“粗糙”的产品价位略高。但是价位高正是价值高的体现，目前消费者升级明显，越来越注重消费产品的质量，同时我们产品的毛利率在××以上（以数字形式和客户沟通），公司还会有月返、季返、年返，整体算下来利润还是很可观的。因此，我相信本产品和贵公司的合作一定可以全面打开市场。

关键点：产品质量第一，用数字说话。

问题四：我在糖酒会品尝了你们的产品，整体酒质不错，就怕质量不能长期保持稳定。

回答：×总，您说到了关键点，酒质是一个酒水品牌赖以生存的根本，如果批次不同酒质不同，我们肯定不能在市场上生存。再俗点说，连质量都不能保证，我还敢开门做生意吗？我们寻求的可不是短期的生意，我们需要的是长期的合作。酒厂从原料采购、酿酒加工、成品灌装一直到包装出库均有严格的审查制度，一瓶酒有问题，我们也不会出厂（尽量把生产工艺特殊用语表达出来）。

关键点：生产工艺标准化语言表达。

问题五：你说酒质这么好，万一出了问题怎么解决。

回答：×总，您说得很对。不怕一万就怕万一，当然谁都不希望出问题，但是因为运输的问题，有可能影响产品质量，所以我们会仔细分析。如果确实是质量问题，您放心，就按合同协议办事，绝不让您有任何后顾之忧，我们的服务队伍也会竭诚为您服务。

关键点：无条件帮助客户解决问题。

问题六：做你们的商家，一些不好卖的品种可以调货或者退货吗？

回答：×总，我相信这是每个商家都关心的问题，我们××品牌给予客户的承诺中就包含了“零风险操作机制”，打消客户的顾虑。如果六个月以后产品出现滞销或者市场开发难度特别大，我们可以根据市场需求提供调货或者退货服务，但是之前肯定以市场需求点为核心进货，我们的业务员会协助所有商家开展此项工作。

关键点：调货条件，无风险操作。

问题七：你们这个品牌有没有市场支持？都支持哪些方面？

回答：×总，假如没有市场支持，我们给您产品裸价，我相信您也不好做。我们对所有商家都有各种市场支持，目前支持包括人员培训、渠道铺市、终端物料、消费者品鉴、连锁超市条码费、招聘业务员、活动展销等，凡是对市场有利的市场投入我们都全程策划操作，专业的营销策划公司会针对每个商家制订不同的活动方案。同时，我们建议商家前期要拿出自己的利润做市场，共同打造一个大平台。

关键点：市场支持陈述条理清晰。

问题八：您这个品牌是什么招商模式？是独家代理吗？

回答：×总，我们这个品牌从开始运营就已经把商家模式确定了，实行的是区域独家代理模式。在客户签约的区域内不允许设置第二个经销商，连锁KA卖场除外。我们首先要保证客户经营范围的权益，还要遏制商家之间的窜货，保证每一个客户都要在自己的“圈子”里做生意、做品牌。

关键点：区域独家代理机制，保证客户权益。

问题九：你们这个品牌有哪些宣传？或者准备做哪些宣传？

回答：×总，您这个问题提得非常好，这也是我马上要向您解释的内容。目前我们公司的网络推广、公众号、线下广告设计、演唱会赞助、公益活动都在推广品牌。我们也在和××明星洽谈品牌代言事宜，已经基本确定。尤其在线下广告宣传层面，我们公司配有专业的营销策划公司专业针对每一个细分市场制订品牌宣传方案。

关键点：宣传内容条理化。

问题十：你们的东西我了解了，我考虑一下再给你回复。

回答：好的，×总，大家合作必定不能盲目。我过一周后再回访您，期间您有什么问题都可以随时问我，希望和贵公司早日达成合作，共同发展。

关键点：确定再次回访的时间。

招商之前，笔者建议一定要对招商人员进行系统培训，不可在市场中随意招商。

13. 终端铺市 18 招，总有一招适合你

白酒终端铺市一直是产品和终端达成合作的第一环节，如何在市场终端快速展现产品是商家首要考虑的问题。随着白酒行业发展和调整，酒水终端老板选择产品尤为慎重。我们可以采取哪些形式开展终端铺市呢？笔者根据多年的酒水营销经验，特总结 18 种终端铺市策略，以供大家参考。

第一招：首单“霸王”奖铺市

首单“霸王”奖即首单奖励，一般适用于新产品铺市。比如终端凡进货××品牌绵柔三星、四星、五星各一件的客户均赠送同等价值的电器一套（国美电器任意选择）。江苏某客户采取的策略：和国美电器达成协议，以 7 折价格结算，同时冲抵一部分酒水，最后三个月实现铺市 246 家。

点评：终端老板无论想不想买电器都会进货，因为人们一般都有“占便宜”的心理，商家可以根据自己的资源开展类似的铺市工作。

第二招：月度返利 + 季度返利 + 年度返利铺市

月度返利 + 季度返利 + 年度返利即多重返利“狂轰乱炸”，一般适用于产品销售中期，市场氛围良好。比如终端每月持续进货××品牌任何产品一件，每月返利 100 元现金，每季度返价值 198 元两斤封坛酒一坛，年终返价值 999 元全家福摄影套餐一套。河南某县级品牌商家采用类似策略，签约客户全县实现 122 家，销售额 300 万元。

备注：费用投入均在客户掌控范围内。

点评：抓住客户心理，产品能卖就能赚钱，只要每个月多推荐就可以拿到更多的东西。

第三招：包量返点铺市

包量返点即完成多少量就能享受多少奖励，完成的量越多奖励越大。一般适用于市场畅销产品和成长期产品。比如年度完成 10 万元销售额的终端享受返利 5%，外加价值 8888 元的双飞日本游；年度完成 5 万元销售额的终端返利 3%，外加价值 3888 元的四川九寨沟游；年度完成 2 万元销售额的终端返利 2%。利用“销量”刺激客户，实现终端铺市目的。

点评：包量返点是商家比较实用的操作形式，利用完成量的多少划分终端，可以把终端自身的“消化能力”发挥出来。

第四招：旅游铺市

旅游铺市即进货金额多少就赠送什么价值的旅游，一般适用于中端产品、消费者吸引力强的产品。比如凡进货价值288元××产品三箱赠送价值588元北京大巴三日游；凡进货价值288元××产品8箱赠送价值1988元的云南大理游；凡进货价值288元××产品15箱赠送价值3988元的三亚双飞七日游。利用不同的旅游刺激不同的终端老板。

点评：很多年轻的终端老板对旅游形式的铺市政策比较感兴趣，可以吸引他们的注意。

第五招：坎级奖励铺市

坎级奖励即划定不同的进货金额坎级，进货越多奖励越大。一般适用于新品和畅销产品。比如进货2000元、5000元、8000元分别奖励什么；进货××产品三箱、5箱、10箱分别奖励什么；商家根据自己产品的具体情况制定不同的政策。

点评：此方式简单、实用，只要政策有吸引力、终端可以销售就能实现进货。

第六招：阶段促销铺市

阶段促销即商家或者企业在节假日（中秋、端午、春节）开展阶段性主题促销活动。一般适用于畅销产品和成长期产品。比如在原政策基础之上，在×日～×日进货的产品额外享受返利5%（或者实物奖励）。利用此期间终端可以卖货的心理进行铺市，刺激终端。

点评：此方式一般在终端受欢迎，在原来利润之上加大终端的利润，商家接受程度比较高。

第七招：陈列奖励铺市

陈列奖励即产品按照商家要求陈列给予一定的奖励，一般适用于新品铺市。其实，陈列铺市已经发展多年，是最简单的终端铺市手段。湖南某品牌采取终端分级铺市策略，奖励直接打卡的形式较为流行。比如根据终端陈列排面分为 600 元/月、800 元/月、1000 元/月的陈列奖励，每月固定时间将钱打到终端老板的银行卡中，终端接受程度特别高。

点评：陈列奖励操作简单但细节可以调整，只要商家可以站在终端角度考虑终端陈列奖励铺市的具体策略，就可以制定出特别有吸引力的策略。

第八招：超量奖励铺市

超量奖励即在客户完成基础任务之上，额外追加超量产品的奖励，一般适用于畅销产品和成长期产品。比如凡终端客户在完成基础任务后，进货的产品均享受公司追加的 2% 的返利或者其他奖励。让客户感觉卖得越多，在原来利润之上还有更多的利润。

点评：这是一种“锦上添花”的增加铺市的方式。

第九招：组合抽奖铺市

组合抽奖即客户进货多少，可以享受公司的年终抽奖，进货的金额越多，抽奖券越多，中奖概率越大，一般适用于订货会形式的铺市。比如凡订货1000元某产品系列各一件的客户即可获得抽奖券一张，以此类推。然后，在订货现场开展抽奖活动，大奖由商家自行确定。

点评：此方式氛围很重要，订货铺市现场一定要“声势浩大”。

第十招：荣誉奖励铺市

荣誉奖励即客户进货达到一定的销售额，即可获得企业颁发的“××地区××品牌战略合作商”荣誉证书，一般适用于中高端品牌。比如可以和酒业协会、白酒××联盟等机构合作，开展荣誉授牌形式的铺市。对一些爱面子的终端老板，该策略吸引力比较大。

点评：在赚钱的过程中，名誉也很重要。

第十一招：增值返利铺市

增值返利即客户在进货金额的基础之上，未销售的产品享受一定的增值返利，一般适用于高端产品。比如终端进货10万元，在年终未销售的产品可以退货，并且对于未销售的产品给予1%的增值返利作为补偿，打消终端产品卖不动的顾虑。

点评：这种形式风险与机会并存，无此风险承受能力的商家不建议采用。

第十二招：资源置换铺市

资源置换即终端客户进货多少可用××代金券、餐券进行置换，一般适用于酒店或者连锁超市。比如××酒店进货10000元，需置换10000元餐券，本餐券可以在本酒店消费（冲抵现金，无任何要求）。这样商家可以将本代金券作为促销品进行主题促销，一般酒店接受程度比较高，还可以给酒店带来生意。

点评：资源置换是目前较为流行的铺市手段，商家和企业可以根据自身的情况选择合理有效的资源置换铺市。

第十三招：累计奖励铺市

累计奖励即终端客户销售累计到一定程度的时候可以兑换不同的奖励，一般适用于中低端产品。比如终端客户在销售满10箱即可兑换现金1000元，累计销售20件即可兑换现金2400元，累计销售30件即可兑换现金4000元，不重复兑换。客户想获得更多地奖励就需要向更多的销量“进军”。

点评：此方式以“赌博”的形式和终端老板“博弈”，刺激终端更多地进货、卖货。

第十四招：涨价囤货铺市

涨价囤货即产品进货价格于××日开始上调，终端可以提前备货，一般适用于特别畅销的产品，也是企业和商家惯用的策略。比如××产品于11月1日开始进货价格上调20元，在10月底之前还享受原价格，同时额外给予1%年终返利，以涨价囤货的形式进行终端压货铺市。

点评：不是本市场的“老大”不要轻易尝试。

第十五招：实物奖励铺市

实物奖励即终端进货多少就赠送一定的实物，一般适用于中低端产品。比如终端进货××产品三箱，即赠送麻将桌一套；终端进货一件，即赠送洗衣大盆一个。实物越实用、越简单越好，在农村市场铺市效果极佳。

点评：实物奖励铺市是一种简单、易操作的形式，商家需要在政策制定和实物选择方面多下功夫研究。

第十六招：特殊产品，额外回收盒盖、箱皮铺市

特殊产品即客户在进货某系列产品的同时，某款产品可以额外追加利润奖励。比如终端自饮或者单瓶销售完后，可以拿盒盖和箱皮到经销商处额外兑奖，以“暗兑”模式铺市。

点评：此方式操作较为复杂，同时很多客户的理解存在偏差，需要商家耐心地和终端客户讲解。

第十七招：小圈子，通客情铺市

通客情即在产品铺市前期邀请终端店老板一起“沟通沟通”，单独宣讲政策，一般适用于新品或者品牌影响力差的产品。比如邀请本地区内目标终端老板，一起吃饭聊聊。让终端老板帮忙销售此产品，一般去的客户多少都会进一部分货。

点评：此方式较为人情化，对于一些特别难搞定的客户，效果较好。

第十八招：员工销售竞赛铺市

员工销售竞赛即设定一定的铺货任务，短期内给予员工额外的销售铺市奖励，刺激员工开展铺市工作，最好一天一奖励，让员工享受铺市后汇报的乐趣，调动销售铺货的积极性。

点评：本方式简单易操作，对于一些新品上市效果较佳。

其实，在这 18 种铺市方式之外还有很多种铺市方式，需要商家不断地创新，研究终端老板的需求。天天坐在办公室说谁有新颖的铺市方式、哪些方式好多年前就用过了、这些铺市方式太老套了，这样毫无意义。

14. 白酒终端精细化操作4步走

精细化营销就是以科学管理为基础，以精细操作为特征，追求营销资源合理配置，达成商品（服务）市场价值最大化的营销模式，摒弃传统的粗放式管理模式，将具体、明确的量化标准渗透到管理的各个环节。

关于白酒终端精细化的市场操作，笔者认为是在市场通路构筑完成之后对市场及销售过程的深化管理，通过定人、定销量、定地域、定时间、定资源、定奖惩的“六定”措施对销售过程进行全方位管理，实现对销售过程中的人、财、物、信息管理，从而实现市场目标的过程。下面是笔者关于白酒终端精细化操作的一些见解，供商家参考。

第一阶段：终端基础资料准备工作

（1）基础资料的收集：收集所有零售终端的资料，建立客户档案，画出地略图。客户档案包括店铺名、负责人名、地址、电话、性质（固定还是流动）等。

（2）基础资料的整理：根据客户档案及地略图，绘制业务分布网点总图并按区域线路整理客户档案，在总图上标明客户所在地及客户编号。

（3）路线设定及拜访频率的初步确定：针对以上分级，确定拜访路线、拜访频率。在此阶段集中人力、物力，保证货物供应、POP广告、促销品的分配。

第二阶段：标准制定

第二阶段核心：定人、定路线、定期、定时拜访。

（1）人员定量：根据零售终端的数量及开发计划，按比例配备人员。

（2）工作内容定量：每天拜访的零售终端的数量必须达到公司标准。

（3）必须按照公司规定的拜访频率完成任务，必须完成公司规定的业务工作内容。

（4）规定拜访路线：根据对终端的了解按照划定的工作路线按程序拜访。

（5）规定拜访频率：根据每家零售终端的级别确定拜访频率，做到重点客户重点服务，使人员使用、时间使用更有效。

标准制定前准备工作的“1128”工程：

（1）1张图：销售网点分布图。根据掌握的销售网点资料，包括经销商、批发商、配货商、零售点，在地图上明确标示出来并编号。

（2）1条线：根据分布图，设定业务主要工作区域、业务代表工作线路。在工作区域、路线上根据分布图标示该线网点位置、客户编号、拜访频率。

（3）2张表：客户登记表，该表是所有工作的基础；客户服务表，包括客户编号、客户等级、进销存状况、店面陈列、存在的问题等，该表明确规定了业务代表的工作内容，包含公司希望了解的所有信息。

（4）8 确定：定人、定片、定点、定线、定访问频率、定内容、定标准、定访问时间。

第三阶段：终端操作 5 步骤

1. 围绕核心终端配政策

（1）月度返利：根据终端月度销量完成情况，给予一定的销售奖励。

（2）年度累计奖励：自签订合同后一年时间内，卖得越多获得的奖励越大，奖项可以自由设置，但需设置有吸引力的大件奖品。比如销售满 1 万元奖励一台点钞机，销售满 2 万元奖励一部高级智能手机，销售满 3 万元奖励一台液晶电视，销售满 5 万元奖励一辆电动三轮车，销售满 10 万元奖励 1 万元加油卡，销售满 15 万元奖励一辆面包车等。

（3）陈列奖励：白酒产品生动化陈列，给予一定的奖励。

（4）宣传奖励：即花费一定的资源买断核心终端广告宣传位，比如橱窗广告使用奖励，每季度给予一定的货物奖励。

2. 围绕核心终端做氛围

核心终端是营造氛围的最佳场所，氛围营造包含店面宣传、生动化陈列、活动等内容，具体标准如下。

（1）氛围营造 6 要素：门头、橱窗、店内墙面、展架、推拉贴、吊旗。6 要素尽可能做全面。业务员熟记 6 要素，每次进核心终端都要观察 6 要素，没有做的要谈判，已经做的要及时更新。

（2）生动化陈列有 5 要素：陈列、堆码、价格标签、收银台卡、货架跳跳卡。5 要素尽可能做全面。业务员熟记 5 要素，每次进核心终端都要观察 5 要素，没有做的要谈判，已经做的要及时更新。

（3）产品陈列有三标准：最佳陈列：最佳陈列位置为进店第一视角，或者停留时间最长的视角，陈列高度以成年人平视最佳；集中陈列：要求集中成矩形陈列，比如 3×3、4×3 等，集中陈列给人以整洁的直观感受，陈列散乱是大忌；开箱开瓶展示：开箱是为了展示酒瓶，开瓶可以免费品尝。

（4）氛围与活动需随动：当开展消费者主题促销活动时，用于营造氛围的物料需尽可能更换画面，至少要更换展架、台卡、跳跳卡。展架在店面提醒消费者、台卡在柜台提醒消费者、跳跳卡在货架提醒消费者。

3. 围绕核心终端做动销

（1）热点时间专人驻点协助动销：首轮铺市完成后，要求业务员在午饭、晚饭前在核心终端驻点协助动销。

（2）专人到场携带促销：即驻点协销人员去终端要携带促销品，比如主题礼品（可选），客户购买我们的产品即可使用，可提高消费者成交的意愿，也能拉近与核心终端的关系。

（3）围绕核心终端商圈做工作：一般的热点烟酒行都有自己的商业圈，也有依赖于周边餐饮店的。也有依赖于周边办公楼的。我们需要做到：一是在核心终端周边的商业圈发放带奖券宣传单页，消费者可凭奖券到指定的核心终端购买产品享受优惠；二是在核心终端周边的商圈开展活动，围绕酒店开展免费赠饮活动，消费者可凭赠饮瓶盖到指定终端享受优惠；三是在核心终端周边商业圈内做宣传，宣传指定终端处的促销活动。

4. 围绕核心终端做活动

（1）上市期配合开展相应的消费者促销活动，如刮奖、买赠等多种形式可以结合使用，力求吸引眼球、降低动销难度。

（2）业务员上门带活动：业务员驻点协助动销的时候可以准备一个抽奖活动，比如转盘式抽奖，活动形式简单明了、有趣味，奖项设置可以自由发挥，如抽纸、环保购物袋、酒等。

5. 围绕核心终端做客情

（1）围绕核心配政策、做氛围、做动销已经是做客情的一部分。

（2）要求业务员在出行时必须带上小礼品、抹布等工具，在与核心终端沟通时看情况使用礼品，帮助终端清理货架并借机整理自己的产品。

（3）经销商要收集整理终端老板、核心店员的重要纪念日信息，包括他们及其家人的生日、结婚纪念日等。

（4）经销商要定期邀请核心终端客户聚餐，以加深感情。

（5）经销商每年需要围绕核心终端开展一次旅游活动，一方面可以出货，另一方面可以在旅游的时候加深双方感情。

第四阶段：后期终端拜访 7 步走

（1）一看：看产品陈列位置、产品陈列形式（陈列质量）、横幅/海报/POP 广告的位置与状况（包括竞品）、终端人员表情与反应、竞品最新变化、现场购买者反应。

（2）二问（与听同步）：问自己产品销售走势（要具体）、对方有何意见（困难）和建议（要具体、本质）、消费者有何反应（广告和促销活动反馈）、其他竞品销售状况和促销。

（3）三记录（与“问”重合同步）：记录销售数量（细到单品）、本周补货数量（细到单品）、店方的意见反馈、竞品的动态信息。

（4）四陈述：陈述公司新产品、新活动、新政策，上次对方提出问题的处理意见或结果，对店方的销售建议。

（5）五动手：动手调整产品陈列位置与方式，完善广告品，帮助对方理货。

（6）六确认：确认“问”和“听”及“陈述”的内容，以及对方留有自己正确的联系方式。

（7）七感谢：谢谢，再见！

笔者认为，白酒终端精细化操作是一个漫长而细致的过程，在打造重点区县级市场的时候尤为重要。除了上述总结的内容外，喜宴市场操作、团队打造、分销商开发等都需要精细化运作，这样才能逐步实现自我品牌在市场上立足。

15. 如何做好白酒终端氛围营造工作

好的白酒终端氛围营造有利于促进销售，也是品牌在市场稳固的表现。白酒品牌通过终端氛围营造、打造核心终端，抢占终端陈列面、排挤竞品。笔者结合一线市场经验，对全国目前在终端氛围营造工作中比较强势的品牌进行总结，分析这些品牌是如何做好终端氛围工作的。

白酒终端氛围营造工作的优势

（1）树立白酒产品品牌形象，提高白酒产品品牌价值，实现终端品牌宣传最大化。

（2）扩大白酒产品陈列空间，有效拦截终端竞品。

（3）刺激消费者冲动性购买白酒产品。

（4）实现白酒产品方便购买。

（5）提高核心终端客户及商家（企业）的销量和利润。

（6）构建白酒产品品牌核心终端网点，扩大市场影响力。

白酒终端氛围营造工作的目标

（1）空间更大——争取更多的货架空间，加强陈列影响力。

（2）位置更好——争取最佳的货架位置，实现方便购买。

（3）品种更多——争取更多的出样品种，给消费者更多的选择机会，创造更多的销售机会。

（4）周转更快——提供足够适当时间销售的产品量，保证及时补齐货。

（5）形象更强——产生更强的视觉冲击力，有效配合广告宣传。

（6）品牌更高——争取整体形象强于竞争品牌。

白酒终端氛围营造工作的原则

1. 抢占第一位置

（1）产品能最大限度地进入消费者视野。

（2）消费者第一眼就能看到白酒产品。

（3）消费者最方便拿到的地方。

（4）高度以中等身材（170cm 左右）消费者双眼平视为宜，保证在视平线至腰部之间位置。

2. 占据最大陈列空间

（1）每个品项的产品连续 4 盒以上并排摆放，能取得较理想的视觉效果。

（2）必须遵守“竞争优势”原则，在任何情况下，陈列必须大于一切竞品。

（3）紧靠陈列：各品项的产品必须上下左右紧靠一处陈列，不能被其他品牌隔开。

3. 包装平行

（1）同一类型包装水平陈列。

（2）产品垂直，由上到下为高、中、低档产品。

4. 产品清洁

（1）码放整齐、统一。

（2）陈列产品外包装完好，破损的不准上架；包装变色或染上污点的不准上架；无出厂日期（保质期）标识或标识模糊不清的不准上架。

（3）随时除去包装上的灰尘、污点、污垢等。

5. 宣传品的使用

（1）位置显眼，如视线水平，应不被其他物品遮掩。

（2）外观洁净，褪色、破旧的宣传品及时更换、拆除。

（3）宣传品使用：主销什么产品就配什么宣传品。

（4）POP广告必须张贴在销售点内。

（5）不应同时出现两个新旧广告攻势的宣传品。

（6）促销活动结束，必须尽快将促销宣传品拆除。

（7）价格标签清晰易辨并保持一致。

白酒终端氛围营造工作的具体标准

（1）陈列内容：产品陈列（样例）见表8。

表8　产品陈列（样例）

层数（由上到下）	产品	数量	配套物料
第一层	××产品12窖	4瓶	价格标签、促销活动物料
第二层	××产品9窖	4瓶	价格标签
第三层	××产品6窖	4瓶	价格标签、促销活动物料
第四层	××产品窖藏	4瓶	价格标签

端架陈列：合作终端给予白酒产品一个独立的端架作为陈列面，不限产品系列，全部陈列××品牌产品。

堆头陈列：在合作终端中心位置或者显眼位置，以箱为基本单位进行陈列，至少10件白酒产品，价格标签醒目。

（2）陈列周期：三个月。

（3）陈列奖励：产品陈列和端架陈列每月奖励一瓶××品牌6窖，堆头陈列每月奖励两瓶××品牌6窖。

（4）陈列奖励兑付：以终端签订陈列协议作为兑现标准，陈列奖励直接由经销商或者企业分公司负责，次月15日之前兑付上月陈列奖励。

白酒终端氛围营造工作的责任主体

（1）区域经理对产品终端陈列执行情况负责。

（2）各片区需组织销售团队进行培训，熟悉政策和具体要求。

（3）企业督导部走访过程中对终端陈列状况进行检核，并对执行较差的区域予以指导、调整。

（4）企业督导部每月定期安排陈列评比活动，对陈列良好的片区进行通报表扬，对陈列较差的片区进行通报整改。

（5）区域经理有权对片区陈列执行状况申请奖励与处罚。

（6）对于缺少产品的区域，区域经理可根据产品的重要性增加某款产品的陈列数量，同时享受同样的陈列奖励。

白酒终端陈列奖励核销流程（图4）

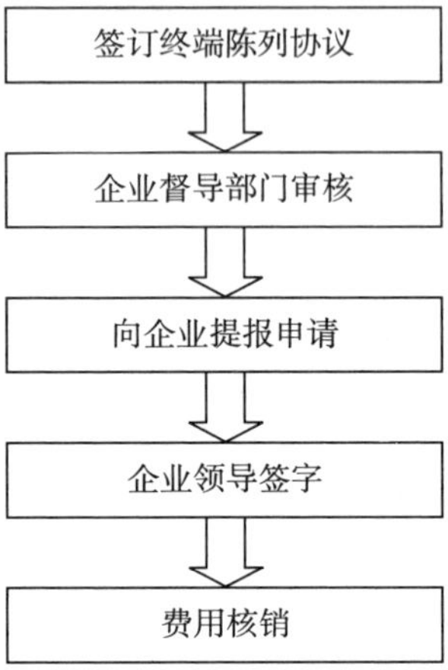

图4　白酒终端陈列奖励核销流程

白酒终端氛围营造物料选择（表9）

表9　白酒终端氛围营造物料选择

位置	物料选择
店外	门头
	灯笼
	条幅
	海报
	包柱
	围膜
	空箱陈列
大门	推拉贴

续表

位置	物料选择
门口	X 展架
	灯箱
	堆箱陈列
墙面	KT 板
收银台	DM 单页或 产品手册
	烟灰缸
产品陈列架	价签
	促销提示卡
	货柜柜眉

注：价签、陈列、促销提示卡为必需物料，其他物料选择性投放。

（附）某品牌终端陈列协议书

协议编号：________

甲方：

乙方：

为了开展××品牌产品形象店打造工程，提升甲方产品品牌形象，同时提升乙方店面形象，甲乙双方本着平等互利、共同发展的原则，经协商达成以下协议：

一、陈列位置、面积标准

1. 在陈列区域显著位置陈列甲方的产品，明码标价，高低与正常水平视线平齐，位置一经指定，乙方不得随意改变，如需改变须经甲方认可。根据店面实际情况，必须至少展示甲方 X 展架、展板、横幅、宣传海报中的一种，以促进乙方的销售。

2. 4×4×4 陈列面（××产品 12 窖、××产品 9 窖、××产

品6窖、××产品窖藏)。

3. 乙方必须保证协议单品的陈列位置，不得撤换和占用本协议陈列区用于其他产品的展示。

4. 若有竞争对手恶意破坏甲方陈列，乙方应立即制止并及时通知甲方业务代表。

二、价格要求

1. 乙方保证严格按照甲方统一的价格标准进行销售。

2. 乙方不得擅自降价促销或恶意杀价，如查实视同违约处理。

三、陈列的产品不允许退货，为保持正常销售，产品销售完乙方必须及时向甲方现款补货

四、若达到上述要求，甲方应给予乙方陈列奖励支持

产品陈列和端架陈列每月奖励一瓶××品牌6窖，堆头陈列每月奖励两瓶××品牌6窖。

五、协议时间

自____年____月____日始至____年____月____日止。

六、本协议一式两份，甲、乙双方各执一份

甲方代表：	乙方代表：
电话：	电话：
盖章：	盖章：
日期：	日期：

笔者认为：产品终端氛围营造得好，固然是件好事，但在没有形成品牌之前，还是要踏实稳定地做市场，只有把基础做扎实、氛围做到位，销量才能稳步提升。

16. 白酒终端铺市应对拒绝话术 20 招

业务员拜访流通渠道时，经常会被店主一句话顶得哑口无言、不知所措。应如何避免这种情况呢？笔者结合实践和经验教训，专门编写了应对之策作为业务员的基本技能。希望大家通过学习，掌握倾听、分析和应对拒绝的技能，如果对方有一百个理由拒绝我们，我们一定要有一千个理由说服对方。

第一招：没有听说过你的品牌——杂牌子、不好销

拒绝背景：在基础比较薄弱或者销售空白的市场做产品品牌推广。

应对招数：

（1）业务员努力让店主对自己留下好印象，进而有接受本产品的意愿。

（2）用公司的服务品质来消除客户对滞销的担心。

（3）介绍公司目前销售较好、知名度高的产品，让其产生美好的联想。

（4）观察店内产品及店外销售环境，推荐合适的产品。

（5）告知公司产品广告时间、内容。

（6）熟悉掌握竞品状况并专业地分析自身产品的优势，尤其

是利润优势。

第二招：现在正忙，没空，等几天再说

拒绝背景：借口比较忙或者老板真的很忙。

应对招数：

（1）从老板忙碌的工作中，发现机会帮老板做事——整理产品、清理货架等，找出融入的时机。

（2）待其情绪缓和后，趁机展开推销或礼节性退出，并强调下次拜访的时间。

（3）眼观六路、耳听八方。看看老板在忙什么，然后根据他忙的内容作为切入点。比如看股票，你就给他分析形势；看NBA，你就给他讲詹姆斯，投其所好。

第三招：消费者从来没有指名要你们的产品

拒绝背景：客户没有销售过或正在销售少量的本产品，和其他品牌比较，没有消费者指名购买。

应对招数：

（1）告知公司产品在本区域处于推广阶段，在其他地方销售得很好（举实例）。

（2）告知公司操作市场的决心及提供的服务方式。

（3）告知公司广告投入，引导客户回想广告片内容。

（4）建议客户增加产品，方便消费者看到广告后购买。

（5）分析客户店铺附近的某某烟酒店，上个月进货多少、现在已经卖了多少，消费者非常认可，从客户身边的同行分析，效

果更好。

第四招：我们只卖××产品，其他产品卖不动

拒绝背景：一贯销售较好的产品都很单一，其他产品很少销售。

应对招数：

（1）介绍邻店销售的产品并与其进行销售比较，引发客户的攀比心理。

（2）分析不同地区消费群体不同的产品需求及产品丰富对其生意的影响。

（3）必要时，做出消除其顾虑的承诺（调货、退货）。

第五招：店面小、生意差，要不了太多的产品

拒绝背景：生意做得不好，客源少，进货多怕积压。

应对招数：

（1）询问周围人的情况和购买习惯。

（2）依据原因，从增加品种、客源和销售保证方面给予信心。

（3）越小的店面机会越大，因为增加产品就会增加消费者的选择，进而增加购买产品品种。

第六招：刚刚进过其他产品，店内库存高

拒绝背景：确实刚刚进过其他厂家的产品，有效空间已被占据。

应对招数：

（1）积极服务，擦试产品，整理出有效空间。

（2）视客户的态度变化，推荐产品的卖点及促销政策。

（3）在进货数量上，量少、品种多为成交目的。

（4）以帮助客户动销的方式作为吸引点，比如跟老板说："这样吧，你先进三件货，我天天来你的店里助销，卖得差不多了我再走。"

第七招：不知道能不能卖，先放几件货，卖完再结账

拒绝背景：产品在此销售基础薄弱，客户接受产品恐怕有风险，或以赊账为借口拒绝。

应对招数：

（1）提供有效促销政策的产品，用利润吸引客户并告诉他此活动有时间限制，引起客户的注意。

（2）从产品销售过程的及时跟踪与反馈、售后服务等方面给予有力的信心和承诺，打消其顾虑。

（3）给老板明示，自己只是给公司打工，领导不让这样做，否则自己就要被开除了，博得客户的同情。

第八招：老板只从二级批发商处取货

拒绝背景：老板习惯于或者方便从二级批发商处取货，而其取货价与公司的供货差价不大甚至没有差别。

应对招数：

从公司的售后服务、促销政策、新品牌推广、信息共享等方

面，比较两种供货方式的优劣，强调公司直接供货的优势。

第九招：货架太小，没有地方放，卖卖再说

拒绝背景：借口货架太小，已经摆满或者地方确实太小。

应对招数：

（1）站在客户立场，避开推销的话题。

（2）擦拭产品和货架，整理乱堆物，视整理的空间情况，决定下一步的推销动作。

第十招：你们的产品竞相压价，没有利润

拒绝背景：产品铺货率高，客户为了抢生意竞相压价，零售利润降低。

应对招数：

（1）委婉解释产品可以带来消费者购买的方便性，以及连带销售其他产品。

（2）询问现在零售价格下降的原因，强调今后的控制和改善措施。

（3）在新推产品的价格设定、促销政策、过程控制方面给予信心。

第十一招：这么多品种价位差不多，酒都一样，有一种就可以了

拒绝背景：客户已经有本品（或竞品）的某个品种，不想再接受本品另外的品种，缺乏全分销概念。

应对招数：

（1）用路线卡向客户展示邻店多品种、多规格的销售实况。

（2）分析单一品种、规格、价位造成的客源流失，以及对客户生意的影响。

（3）为百分之百满足消费者的需求，向其做产品品牌推荐。

第十二招：只能卖低档产品，高档产品卖不掉

拒绝背景：长期销售低档产品或者曾经销售过高档产品没有成功，继而对产品形成定位。

应对招数：

（1）以聊天形式，分析目前高、中、低档酒的行业形势，不用太专业，但是要让老板听得懂，然后明确自己产品的优势。

（2）介绍目前邻店产品销售拓展的情况，以及对生意的影响，同时说一些消除其顾虑的话。

第十三招：你们公司的产品价位高，其他公司的产品价位低

拒绝背景：主推或老板主销的产品，和其他同规格的竞品比较价位高，或因为涨价幅度大，导致老板产生价位高的印象。

应对招数：

（1）对竞品的价格设定及促销活动了如指掌，业务员对本品与竞品的差异性要有明确的认识。

（2）逃脱产品价格比较的泥沼，用服务的质量、产品的回货率及低订单多品项的进货方法迂回说服。

（3）收集合理数据对比竞品状况，建议上级采取合理的应对措施。

第十四招：包装差、酒的口感不好、上头

拒绝背景：老板从自己的感观上判断，或者听了部分消费者反馈，产生品质不好的定位。

应对招数：

（1）延续老板话题，寻找信息来源（确认是消费者的反馈还是店主的托词）。

（2）从产品的饮用方式和酒质特点解释。

（3）从其他店的售卖情况或口味测试情况分析。

第十五招：长期销售你们的产品，从来没有得到过奖励

拒绝背景：客户和公司是长期供货关系，为公司销售很多产品，喜欢以功臣自居，却没得到额外奖励导致心理失衡。

应对招数：

（1）分析主销产品快速回转带来的利润。

（2）推荐带有促销政策的新品并跟进。

第十六招：上次进的货没怎么卖，先不要货了

拒绝背景：确实有货，但是卖不动。

应对招数：

查看进货时间，询问进货、零售价格，并给出有效建议。

第十七招：你们对破损的产品不调也不退，不如其他厂家

拒绝背景：销售过或者正在销售公司的产品，因为促销产品没有说明造成误解、确实破损造成损失，期望得到帮助。

（1）弄清产品破损的原因，并向客户提出建议。

（2）结合当前的政策或者与上级沟通后给予解决。

（3）对于公司今后服务的方式、内容及客户，应该配合地做出说明，开展下一步的推销工作。

第十八招：销得好时，你们控制放货，销得不好时，你们又来推销

拒绝背景：由于配送或产能原因导致客户断货，客户对服务不满。

应对招数：

（1）委婉地解释供货欠缺的原因并向客户致谦，了解目前的售卖情况。

（2）介绍公司今后对配送、服务及拜访频次等环节将要采取的措施，并在和谐的气氛中增强客户的信心。

第十九招：再等一段时间，下次再要货

拒绝背景：产品没能给客户带来利益，卖也行未卖也行，为

摆脱推销的纠缠而出现的情绪化拒绝。

应对招数：

（1）寻找能引起客户关注的理由或话题。

（2）对已有产品进行整理，寻找机会与其沟通新的产品和促销政策。

第二十招：以前卖过你们的产品，销售慢，现在不想卖了

拒绝背景：以前卖过，销售太慢，甚至一件未卖，造成积压。

应对招数：

（1）从老板的问题中引出不好卖的原因，询问竞品措施。

（2）针对结果做出公司增强消费者拉力、售后服务等方面的解释和承诺。

上述是笔者总结的业务员在铺市过程中容易遇到的一些语言应对问题，每一个应对招数都是反复推敲的结果，不一定完全有用，但会对铺市有一定的帮助。

17. 终端客情维护 12 招

中国是一个讲究人情的国家，做人如此，做生意亦是如此。对于酒水经销商来说，终端客情的好坏直接决定着你的产品是否被网络终端老板接受。利润对终端商固然重要，客情关系的维护对产品在市场的发展也尤为关键。笔者根据从事酒水销售和营销咨询的经验，特总结了 12 种客情关系维护的方法，希望对酒水经销商或者业务员有一定的帮助。

第一招：核心价值详细讲解

要想让终端老板进货，首先要让他了解你的产品，要给客户详细讲解基本信息，比如产品名称、规格、度数、包装、产地等。最重要的是找出产品的亮点、你的产品和其他同价位产品的不同之处，比如生产工艺的差异、酒窖的不同性、储藏的另类化、合作企业的福利等，让终端老板可以从内心感觉到你的产品的核心价值。他在向消费者介绍的时候，可以直接引用你阐述的产品核心价值。

第二招：核心利润详细分析

利润是推动老板推荐产品的第一动力，如果你的产品不是本区域内最畅销的产品，要么你的产品有高利差，要么你的产品有高返利，老板才愿意推荐。但是，在你几经周折进入老板店里的时候，你一定要帮助终端老板核算经营你的产品的利润是多少，比如卖 5 箱赚多少钱、卖 10 箱赚多少返利、陈列三个月给价值多少钱的酒水。要随身携带计算器，将具体数字呈现在终端老板面前。平时你还要调查竞品的产品利润、价差、返利，自己的产品和其他产品相比利润优势在哪里，你都要给终端老板详细阐述。不要跟终端老板说大概赚多少钱，要用具体数字给终端老板讲解。

第三招：小恩小惠连绵不断

要想维护好终端客情，必须从内心上把终端老板当成自己的朋友，平时要根据客户的需求赠送一些小礼物。切记礼物不要太贵重，要简单、实用、有意义，比如你得知终端老板的儿子（女儿）要参加中考或者高考，你可以到书店购买一些考前冲刺的书籍和资料作为礼物赠送给终端老板，这时候终端老板会感觉你很用心；你得知某个终端老板有一些病症的困惑，你可以在网上找一些治疗的办法，将其整理成文发给终端老板，这时候终端老板会感觉你不仅仅是生意上的伙伴，还是生活中的朋友。当然，只有你用心去挖掘，才能找到终端老板的真正需求。

第四招：大活小活遇到则干

业务员跑终端的时候，经常会遇到终端老板正在搬运货物或者整理店内的产品。这时候你不要说和你的产品有关联的话，直接放下回访单、广告宣传物料，协助终端老板干一些力所能及的活，好像你不是一个业务员而是他的店员一样。当你帮助终端老板干完这些活以后，你再和终端老板谈什么事情就会顺利一些，同时终端老板会感觉你非常实在，一件小小的事情也会让终端老板感动。无论你是业务员还是经销商，在跑终端的过程中一定要多观察，多为终端老板做一些力所能及的事情。

第五招：时时分享成功经验

成功经验是指成功卖酒的经验，走访终端的时候要经常搜集终端老板成功卖酒的做法。比如终端老板是如何向消费者推荐的？如何做一次陌生的婚宴卖酒？如何挖掘团购资源？然后将其整理成规范性的话术，在和一些终端老板沟通的时候，将这些成功经验分享给他们，这时候终端老板肯定会对你的服务和人品给予肯定。

第六招：培训、旅游增进感情

在条件允许的情况下，组织终端商开展“××品牌登山之旅”等活动，或者一起旅游。然后在活动或旅游的过程中，选择一家酒店集中对他们进行有价值的培训，让终端商不仅能游玩还能学习卖酒的知识，同时拉近和终端商的关系，这也是客情维护的有效办法。

第七招：酒厂参观增强信心

定期组织终端商到酒厂进行参观，由酒厂全程接待。同时要安排酒厂专职服务人员给终端商讲解产品的生产流程、企业文化、酒厂历史等，让终端商更深入地了解产品和企业的优势。终端商向消费者介绍产品时，就会增强产品的说服力。酒厂参观需要经销商和企业共同协作完成，从客户邀请到送回客户都要有具体的流程。确保客户参观后有所收获，对企业和产品有更深的认知。

第八招：个人嗜好多做交流

要做到全才。什么叫作全才？全才就是对各个行业都有一定的了解，无论终端商有什么嗜好，都能和他侃上一会儿。比如老板喜欢篮球，你就多和他交流 NBA；老板喜欢足球，你就和他交流世界杯；老板喜欢钓鱼，你就告诉他本地钓鱼的好场所在哪里；老板喜欢打麻将，你就和他探讨打牌的必胜“秘籍”等。当然，这些东西需要花时间研究。如果你把终端客户的嗜好培养成自己的嗜好，你就会发现你的终端客情维护得像朋友关系一样。

第九招：生日、节日、纪念日人文关怀

做终端商的客情维护工作，要知道老板的生日、老板娘的生

日、他们的结婚纪念日、他们的小孩的生日、他们的父母的生日等。经销商要建立相应的数据库，在终端老板特定节日或者节假日的时候，以公司或者××品牌业务员的名义给终端老板发送祝福短信或者赠送小礼物。虽然祝福的分量小，但是给终端商的价值大，是客情维护中最简单、最有效的手段。

第十招：圈内人士定期联谊

对终端商的个人喜好进行整理，找一些爱好相同的终端商，定期开展联谊活动。比如组织爱打篮球的终端商进行“××品牌杯篮球友谊赛”，可以设置一定的酒水作为奖品；爱好下棋的终端商可以聚到一起举办一场比赛。总的来说就是要去挖掘客户的爱好，然后定期组织有目的性的活动，从而拉近客情关系。

第十一招：活动奖励当面给予

答应终端商的事情一定要做到，比如一些小的奖励一定要当面给终端商兑现，无法兑现的一定要给出确定的兑现时间，并且保证按时完成。针对具体的活动奖励内容，不要直接将政策丢给终端商让他们看，要给终端商解释、分析，给终端商详细讲解整个活动对他们的好处，以及他们的利益在哪里。

第十二招：时刻保持位置距离

终端客情在市场服务过程中固然重要，但是不要违背市场规则，比如和终端商联合窜货、改变对某个终端商的政策，这些情况都是不允许的。要时刻以正能量市场服务为导向维护客情关系，和终端商保持一定的距离，拒绝终端商不正当的要求。

其实，客情维护是需要时间慢慢积累的，也需要我们用心地为终端商服务，并不是一蹴而就的事情。

18. 酒水终端“战略联销体系”如何构建

烟酒店、小超市、便利店等终端以其购买的便捷性和优惠性成为消费者的重要选择之一。此类型终端本身具有较强的团购能力，酒水品牌与其合作能够助力企业核心消费群体建设的工程。但是此类终端发展良莠不齐，品牌和诚信成为制约其发展的瓶颈，因此很多酒水商家和企业在重点区域采用“战略联销体”的运作模式，在合适的终端网点将资源利用最大化，以求获得更大的品牌收益。

酒水终端联销体是指有目的性选择合适的终端网点，达成战略合作。企业在资源和费用支持方面适当倾斜，同时终端网点配合企业做各项工作，从而实现共赢的战略合作模式。

企业（商家）和终端合作的利益基础点

企业（商家）的利益点：

（1）更有效地在特定区域宣传产品和品牌，避免浪费资源。

（2）有效达成区域内部小型团购的拓展，实现核心消费群体的启动和大型客户的巩固。

（3）可以借助合作终端作为品牌销售区域服务平台，提升品牌形象。

（4）通过建立一个厂商直接管控的战略联销体体系，加强市场秩序的管理和监控，保障市场的可持续发展（包括价格管理、窜货管理和打击假冒伪劣的管理等）。

终端的利益点：

（1）合作终端通过与企业进行联盟合作，可以获得厂家在促销活动方面的支持，实现终端销售业绩和利润的提升。

（2）厂家可以根据终端销量情况导入终端奖励，实现企业利益最大化。

（3）终端通过与企业的合作有效提升终端的可信度、提升消费者信赖度。

（4）终端可以根据企业提供的各项服务，提升店面的整体形象，带动店面的整体销售。

酒水终端联销体运作内容

1. 产品选择

在产品选择层面，酒水终端联销体尽量选择一个系列产品，或者几个单品联合操作，不要选择一个单品，尤其是非畅销的单品。

2. 终端选择和标准（某品牌实例，表 10）

表 10　终端选择和标准（某品牌实例）

<table>
<tr><th>客户级别</th><th>年销售额</th><th>终端选择基本标准</th></tr>
<tr><td>五星客户</td><td>10 万元</td><td rowspan="2">1. 终端店知名度高，经营时间在 5 年以上，诚信度高
2. 终端营业面积不低于 100 平方米，店内装修较为高档
3. 终端位于高档小区、写字楼、政府和大型企事业单位附近，交通便利、停车方便</td></tr>
<tr><td>四星客户</td><td>8 万元</td></tr>
</table>

续表

客户级别	年销售额	终端选择基本标准
三星客户	5 万元	4. 愿意配合企业形象建设和本区域内团购服务工作（级别不同可适当调整）

3. 终端氛围营造标准（表 11）

表 11　终端氛围营造标准

编号	项目	内容
1	门口空箱陈列	四个空箱一起陈列
2	大型玻璃贴	墙体玻璃上大型瓶体效果图
3	推拉贴	门口特制推拉贴
4	X 展架	门口易拉宝展示、促销活动展架
5	DM 单	品牌历史、酒体特点
6	堆头	围挡、小型 X 架、手提袋陈列、空瓶陈列、品酒杯
7	端架	盒 + 内瓶陈列、跳跳卡等
8	店内吊旗	公司标准
9	墙体围挡	对店内立柱、空白墙体处以 KT 板形式进行包装
10	展示柜陈列	独立的品牌形象展示柜

注：五星客户完成 100%、四星客户完成 80% 以上、三星客户完成 60% 以上。

4. 终端政策奖励标准（模板）

（1）季度销售任务完成奖励：完成季度任务奖励销售额的一定百分比，每季度发放一次；未完成季度任务无奖励；若年底半年度销售任务完成，前期扣发的返利按照标准补足。

（2）半年度销售任务完成奖励：完成半年度销售任务奖励销售额的一定百分比，合同结束后发放。

（3）店内陈列奖励：经企业检查产品陈列与氛围营造生动化项目均达标，则给予店方陈列奖励。

（4）品鉴酒支持：合作期内，企业为支持店方对其目标团购客户开展公关工作，企业提供季度任务的一定数量的品鉴酒，每季度发放一次，用于店方的品鉴用酒和公关赠酒支持。

（5）市场维护奖励：合同期内店方无违规行为且完成合同规定的销售任务，合同结束时公司给予店方完成销售额1%的追加奖励。

（6）其他奖励支持（可选择执行）：邀请店方及其客户到酒厂旅游；阶段性邀请店方及其客户至企业指定酒店参加品鉴会或者品酒会；参加企业组织的短期培训、联谊活动，放松身心，交流经验；特约经销店面的授牌，提升店面形象。

5. 终端奖励具体内容和力度（某品牌实例，表12）

表12　终端奖励具体内容和力度（某品牌实例）

奖项	要求	五星客户	四星客户	三星客户
		奖励金额	奖励金额	奖励金额
季度销售任务完成奖励（包量返点）	完成季度销售任务	10%	8%	7%
半年度销售任务完成奖励	完成半年度销售任务	5%	4%	3%
店内陈列奖励	按合同要求陈列季度费用	1500+2000（元）	1500+1500（元）	1500+1000（元）

续表

奖项	要求	五星客户	四星客户	三星客户
		奖励金额	奖励金额	奖励金额
品鉴酒（光瓶酒）支持	按照公司规定执行，季度冲报费用	10%	10%	10%
市场维护奖励	不乱价、不冲货奖励	1%	1%	1%
合计		29%	27%	26%
公司实际投入				
此外还有首次进货奖励，其中，三星客户首次进货 1 万元配送价值 500 元促销品；四星客户首次进货 2 万元配送价值 1500 元促销品；五星客户首次进货 3 万元配送价值 3000 元促销品。				

注：该表为某品牌实例，仅供参考。

6. 合作终端 8 大个性化服务要求（图 5）

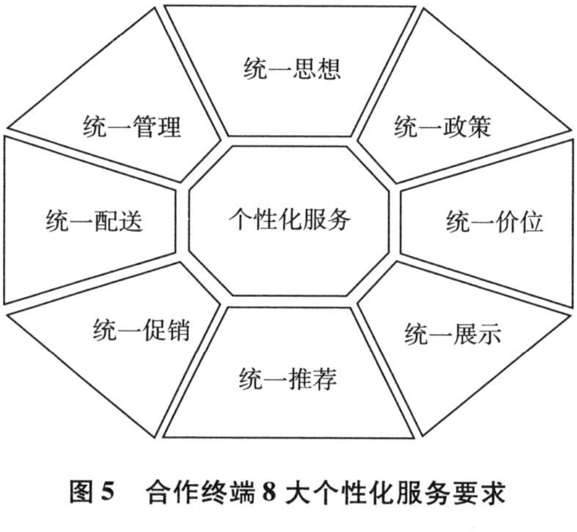

图 5　合作终端 8 大个性化服务要求

关于酒水终端战略联销体的操作除了上述内容外，还需要企业和商家十分熟悉市场，产品在市场的战略地位、终端对于产品感兴趣的程度、消费者的接受能力都需要深入调研，选择适合自己的模式和政策。在开展此项工作的过程中，一定要加强服务内容的标准化、流程化和统一化，不可将此模式做成“虎头蛇尾”的终端联销体工程。

19. 酒水经销商如何在行业逆境中杀出一条血路

“三公消费”限制、“塑化剂事件”的冲击，以及大环境的不景气，就像一把冰刀刺痛着每一位白酒经销商的心。很多白酒经销商开始迷茫，不知道何去何从，甚至有很多商家开始退出白酒行业另谋出路。

那些坚守的白酒经销商如何度过“寒冬”？如何使自己的财富得到持续的积累？笔者根据行业的发展状况及个人的一些见解，浅谈一下白酒经销商如何在行业逆境中杀出一条血路。

正确认识白酒行业的此次调整

任何一个行业都有自己的行业周期，不可能一直旺盛，也不可能一直低迷。白酒行业也需要调整，近期看不容乐观，远期看不必悲观。

白酒是中华民族传统的消费产品之一，虽然近几年白酒消费的负面新闻比较多，但是白酒消费一直是主流。所以，白酒经销商不必惊慌失措，更不要盲目地放弃，行业调整时期过后必定是财富的春天。

对自身实力重新定位，找准发展方向

在白酒行业飞速发展的十年，很多白酒经销商积累了巨大的财富，从一个小小的批发商做到当地数一数二的白酒经销大王的比比皆是。面对白酒行业的“寒冬期”，首先要对自己的公司准确定位，结合自己的整体实力选择未来的发展方向和路径。如何分析自身的实力，笔者将其归结为7个方面：资金实力、组织实力、高层管理实力、仓储物流实力、网络覆盖实力、公司行业知名度、渠道掌控实力，如图6所示。

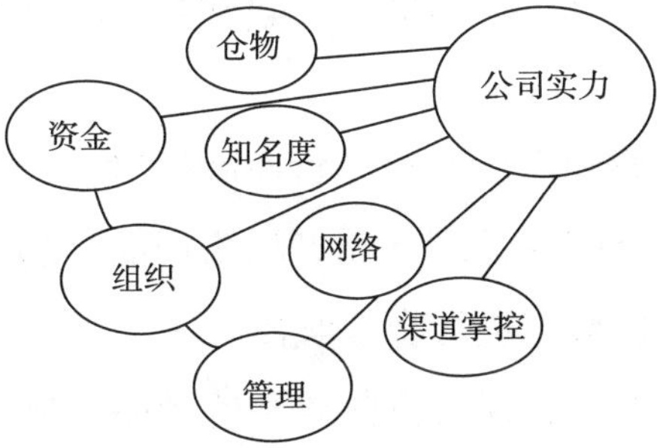

图6　公司实力

经销商可从这7个方面分析自己公司的实力，并对自身实力做出评估，确定未来的发展方向。笔者根据目前大多数经销商的发展方向总结出未来商家有5个发展方向，见表13。

表13　经销商未来的发展方向

发展方向	组织配备要求	区域划分
全国平台运营商	100人以上	全国市场

续表

发展方向	组织配备要求	区域划分
省级平台商	50 人以上	全省市场
小区域型平台商	30 人以上	省内几个核心地市
市级龙头经销商	20 人以上	全市市场
县级龙头经销商	10 人以上	全县市场

白酒经销商要明白自己在哪里、去哪里、怎么去，规划未来的发展路径，根据自己的定位选择正确的发展方向。

梳理公司目前的产品线，取盈弃亏，保大放小

公司董事长要和高层召开经营产品研讨会，梳理目前产品线的状况，分析出有哪些盈利产品、战略产品、起量产品、亏损产品，根据分析出的数据进行合理取舍。

首先，取盈弃亏，保留目前盈利的产品，适当放弃亏损的产品，或者停止亏损产品的资源投入。

其次，保大放小，保留全国性大品牌，放弃一些区域性小品牌，经销商可根据本区域内消费者的品牌认知度，对品牌进行取舍。笔者建议，虽然目前一些高端酒市场不景气，销量低迷，但是不要盲目舍弃，放弃品牌就意味着放弃未来的财富。

对于品牌选择，笔者建议从以下三类品牌选择：

（1）全国性知名品牌新推出的系列产品，比如五粮液推出的五粮特曲、五粮头曲、绵柔尖庄。用一句通俗的话来说就是“大树底下好乘凉”，五粮液作为中国的白酒大王，系列产品的推出给很多白酒经销商带来和五粮液合作的机会。

（2）适合县级或者乡镇市场的省级强势品牌的高利润产品。随着乡镇市场人们生活水平的提高，白酒消费档次持续升级，很多名酒企业还没有完全重视乡镇市场的打造。针对一些县级的白酒经销商选择高利润产品，打造乡镇市场是非常有效的方式。

（3）将你掌控的区域定位为战略型市场的白酒品牌。战略型市场毫无疑问是企业重点打造的市场，资源投入、人员配比、媒体宣传等都有一定的侧重，这时候白酒经销商可以抓住这个机遇，未来的收获很大。

加强团队管理，打造一支高执行力的组织团队

营销团队是一个公司得以稳步发展的坚强后盾，再好的品牌没人运作也不行。每位白酒经销商老板都要亲自参与团队管理和运作，将其作为自己的核心工作之一，明细营销团队中每位成员的职责，建立起高效沟通、指导、协调、培训与管理的平台，并形成制度化管理。

以区域市场分级化管理为基础，根据营销人员差异性分工安排。勇于开拓、善于沟通的营销人员主要负责对辖区内的薄弱市场或空白渠道进行开拓性优化补充；善于团队管理培训、执行力较强的营销人员主要负责市场和渠道终端的管理维护。笔者认为，团队管理分为 4 大部分，命名为团队管理“4 大制胜秘籍”，如图 7 所示。

合理定岗：将合适的人在合适的时间放在最合适的位置上，才能发挥最大的作用。企业高层必须认真分析每一位市场一线人员的性格特点、实战经验、擅长渠道、思维模式等；再对其岗位进行合理的调整，让每个人都能在公司发挥最大的价值。

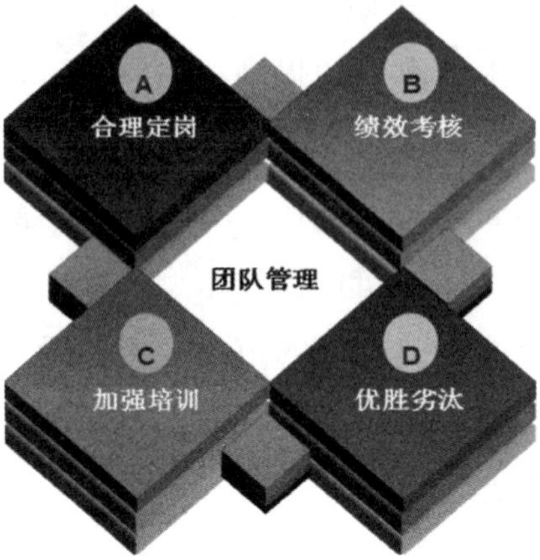

图 7　团队管理“4 大制胜秘籍”

绩效考核：导入 KPI 绩效考核体系，针对不同的岗位制定不同的岗位职责，同时配备相应的绩效考核体系。将考核分为量化考核和质化考核，比例设置为 7∶3，以“月”为基本单位，根据每个月的核心工作调整考核内容，经销商或者总经理必须亲自审核，确保考核的公平公正。

加强培训：培训是提升团队职业技能的一个重要手段，经销商可根据目前团队欠缺的部分聘请专业的培训公司或者白酒咨询公司为员工培训，使团队整体水平有大幅度的提升。

优胜劣汰：“物竞天择，适者生存”，每个员工在公司中只有功劳没有苦劳。要想将公司打造成一个高执行力、高配合度、高质量的公司，就必须学会取舍，使有能力的人发挥更大的作用，无能力的人只会被淘汰。

巩固分销商网络和渠道网络

行业竞争是残酷的，看似客情关系很好的分销商也许第二天就是竞争对手。所以，白酒经销商要时刻关注分销商和终端老板的动向，维护好客情关系。在分销商出现问题寻求帮助的时候，要及时做出回应，为客户解决实际问题。除此之外，还要关注竞品的动向，有无竞品人员和分销商接触，遇到此类问题及时向上级汇报并提出应对策略。

困难是有的，路是艰难的，未来是光明的。引用北京盛初营销咨询总经理柴总的一句话："空谈危机没有意义，抓住机遇才有价值。"白酒经销商要放下虚无缥缈的言论，全身心地投入到一线市场中，在行业调整时期抓住机遇，迎接挑战，收获未来。

战术篇

白酒行业在调整，酒水商家在迷茫，终端商更是在寻找在逆境中生存的方式。行业的大环境谁都无法撼动，我们唯一能做的就是改变自己、寻求突破。

在酒水运作的链条中，动销是整个过程中最重要的一环。能否把控好这个环节意味着你是不是可以在这个市场占据一定的位置。

关于白酒销售，笔者认为没有捷径可言，“踏实做市场，坚持做市场”才是唯一的出路。

没有“一招鲜，玩遍天”的招式，也没有“小李飞刀，一刀飞天下”的模式。再简单的招式，操作好依然有效；再新颖的活动，操作不好依然没用。

20. 未来10年团购市场应该这么做

自2013年白酒行业进入深度调整期后，受国家宏观调控政策影响，高端白酒市场下滑严重。尤其是团购市场，受到极大的冲击，以团购为主的白酒企业和酒水经销商销量严重萎缩。那么未来的团购市场发展趋势是什么样的呢？

笔者根据多年的团购市场经验总结为5点：一是由政务主流团购消费向商务和大众主流团购消费转型；二是团购量由大宗团购向小微团购转型；三是喜宴市场团购需求逐渐增大；四是个性化定制团购成为潮流；五是圈子团购营销飞速发展。面对这些发展趋势，酒水企业和经销商应该如何把握趋势，做好团购市场呢？下面就为大家详细解读，未来十年团购市场应该怎么做。

团购主推产品线设置

团购产品线一般由公司的主推产品和主销产品组成，产品线不宜过长，普遍为“1+N”产品线，即一款主推产品+N款补充产品。比如洋河的团购是海之蓝、天之蓝为主销产品，主推梦之蓝和洋河老字号等系列产品；迎驾的团购产品链主要是主销产品迎驾之星（金星、银星）和主推产品生态年份酒系列（8年、10年、20年）及其他产品。

团购主推产品价格制定

企业单位招待用酒以中高价位产品为主，一般在 100 元以上；100 元以下的团购主要是单位福利用酒（此部分容量渐小）和婚喜宴用酒。

团购价格与酒店、商超、名烟酒店有一定的级差，最佳的价格体系是团购价格低于名烟酒店零售价格 10%，而比名烟酒店进价高 10%，这样才有一定的操作空间和吸引名烟酒店老板参与团购，具体可根据渠道加价率设定。

团购客户开发途径

（1）商家现有团购客户资源的继续维护。

（2）团购客户的推荐介绍：人以群分，对你的产品具有消费需求和消费能力的客户，同时也有一批值得你去挖掘的潜力团购客户。

（3）加入各类商会组织，扩大交际圈，进一步拓展团购客户群体。

（4）核心关键人公关：将其聘为公司的品鉴顾问，由其邀请群体并组织小型品鉴会，公司人员协助做好产品品鉴、品牌文化宣讲、建立客户档案和品鉴会后跟踪成交等工作。

（5）核心烟酒店背后的团购开发：每一个发展较好的烟酒店都有支撑其发展的团购资源，在商家直接发展团购业务的同时，支持烟酒店开发团购是必然也是必需的业务拓展途径。

新形势下小微团购的操作

小微团购和微型团购成为未来团购的主流方向，现在很多经销商和企业开启新的战术拓展团购业务。那么小微团购是什么、怎么做呢？

（1）小微团购是指开发小型单位获得的微量团购，小微团购本质上还是团购的一种，是酒水行业调整时期的产物。

（2）小微团购的主要特点：成交量不大，交易次数频繁，目标客户分散且众多。

（3）小微团购开发的方向：基层政府单位、商会、××俱乐部、学校、汽车4S店、建材市场老板、家电市场老板等。

（4）小微团购操作要点：

1）制定合理的价格策略，测算核心关键人的返利，同时还要设置要货量的坎级政策。

2）基层政府单位：挖掘关键人，单独接触，厂商代表可以协助开发，合作方式一般为基本工资+提成，一单一结算，或者达到某个量给予××奖励。

3）小型企业单位：主要采用地毯式模式，细分到每条街、每个写字楼、每条小巷；制定详细的拜访路线，准备所需的广告物料和产品；前期可选择赠送宣传画册、小瓶品鉴酒或者宣传单页；挖掘小型企业的关键人，索取电话号码、QQ号、微信号等可以直接联系的联系方式；合理利用时间多频次拜访，达成销售。

4）建立小微团购专职团队，每天对每个人的工作进行细分，制订详细的工作计划，开发前期还要制定合理的奖励政策，从而提高员工的斗志。

5）不定期的联谊活动，一般采用赞助酒的形式组织活动。在活动过程中，宣传产品的品牌和特点，切忌大张旗鼓地宣传，要坚持适度的原则。

小微团购是一个方向，但是企业和经销商必须投入一定的精力和资源才能操作起来，否则都是空谈。

品鉴会开展到达成销售标准化动作分解

开一场品鉴会很简单，开一场有效果的品鉴会却很难，笔者策划并参与数千次成功品鉴会后，对其进行了标准化动作总结。

第一步：选择品鉴会时间和地点：周六 17∶00—21∶00 或者周日10∶00—14∶00 为最佳时间。

第二步：品鉴会地点选择：××市××酒店，要求有较大的会议室并能提供聚餐的酒店。

第三步：以最恰当的方式邀请：电话邀请、当面邀请、短信邀请、邀请函邀请等，根据品鉴会的具体情况，自行选择邀请方式。

第四步：准备品鉴会广告宣传物料和发言稿，安排每桌的作陪人员。

第五步：制定品鉴会流程。

第六步：品鉴会后第二天，对每一位参会客户进行电话回访。

第七步：筛选最有可能达成销售的核心客户，进行二次邀请。本次以一桌式小型品鉴会为主，最好经销商本人和企业高层亲自参加，提升客户的地位感。

第八步：对二次品鉴会客户进行筛选，进行一对一公关，达成销售。

团购部门组织架构设置

为了有效开展公关团购工作，建立公关团购部是必要条件之一。独立的团购部有利于市场推广的专业性、销售政策的统一性及各项管理的系统性。

团购部人员既要有良好的社会资源，又要有丰富的实战经验，还要有一定的团队管理经验和沟通协调能力。因此，团购组织既要包括具有较强社会资源的经销商，又要包括具有公关能力的销售经理，还需要能够统筹安排工作的团购经理及部分公关客服人员。

对团购组织进行补充与完善，确保人力到位，并对到位人员进行企业文化、产品文化、品牌文化、客户类型分析、商务礼仪等知识的全方位培训。

团购部门组织架构如图 8 所示。

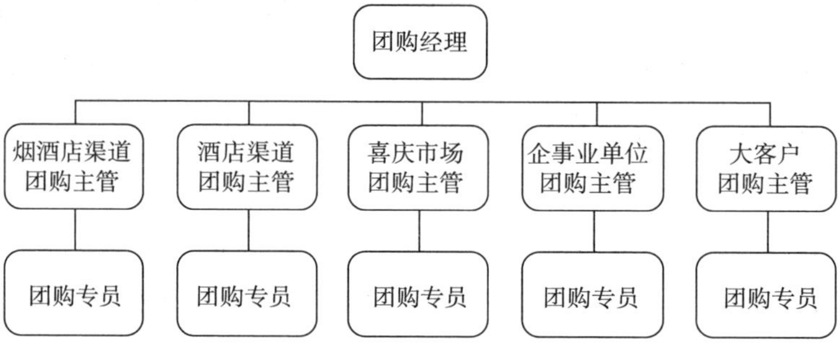

图 8　团购部门组织架构

团购渠道主要投入方向

企业和经销商对团购渠道要有正确的资源投入观，在整个区域公关开展的前期是以资源投入为导向，以品鉴请客、免费赠酒、团购人员工资为主要投入方向。表 14 所列为资源费用合理化投入比例。

表 14　资源费用合理化投入比例表

<table>
<tr><th>费用项目</th><th>费用比例</th><th>说明</th></tr>
<tr><td>品鉴会活动费用</td><td>8%左右</td><td rowspan="4">任何一项投入，董事长或者总经理必须严格管控，将每一笔费用切实用到市场中</td></tr>
<tr><td>赠酒</td><td>8%左右</td></tr>
<tr><td>客情公关费用</td><td>8%左右</td></tr>
<tr><td>其他费用</td><td>1%左右</td></tr>
</table>

注：未提及客户回扣投入，具体投入由每位商家根据产品价格和当地的“回扣风俗”制定。

建立团购客户的数据档案

掌控每一位团购客户的详细数据，是持续进行团购和维护客情的基础工作。表 15 为具体客户档案表格。

表 15　具体客户档案表格

<table>
<tr><td rowspan="6">单位信息</td><td>单位名称电话</td><td></td><td></td><td></td></tr>
<tr><td>地址</td><td></td><td>用酒总量/平均月量</td><td></td></tr>
<tr><td>用酒价位</td><td></td><td>招待对象</td><td></td></tr>
<tr><td>采购程序</td><td colspan="3"></td></tr>
<tr><td>单位效益描述</td><td></td><td>用酒品牌</td><td></td></tr>
<tr><td>定点酒店/常顾酒店</td><td colspan="3"></td></tr>
</table>

续表

<table>
<tr><td rowspan="6">意见领袖信息</td><td>姓名</td><td></td><td>性别</td><td></td><td>年龄</td><td></td></tr>
<tr><td>领导职务</td><td colspan="2"></td><td>联系方式</td><td colspan="2"></td></tr>
<tr><td>爱好</td><td></td><td>影响力</td><td></td><td>酒品偏好</td><td></td></tr>
<tr><td>关心事件</td><td colspan="2"></td><td colspan="2">特殊纪念日</td><td></td></tr>
<tr><td colspan="2">对其产生影响的人物</td><td></td><td colspan="2">客户级别</td><td></td></tr>
<tr><td colspan="2">利益需求点</td><td colspan="4"></td></tr>
<tr><td rowspan="7">拜访公关信息</td><td rowspan="2">拜访次数</td><td>（周拜访次数）</td><td></td><td rowspan="2">客户反馈情况</td><td colspan="2" rowspan="2"></td></tr>
<tr><td>（月拜访次数）</td><td></td></tr>
<tr><td>招待情况</td><td colspan="2"></td><td>活动情况</td><td colspan="2"></td></tr>
<tr><td>利益激励情况</td><td colspan="5"></td></tr>
<tr><td>礼品赠送情况</td><td colspan="5"></td></tr>
<tr><td colspan="6">备注：</td></tr>
</table>

以上为笔者针对未来10年，白酒团购该如何操作的一些见解。希望对商家和企业有一定的帮助。当然，团购渠道操作是一个细致、专心、有步骤的工作，不是随便做做就可以获得成功的。

21. 烟酒店逆境之路如何走

烟酒店作为酒水渠道的核心渠道之一，已经经历了十几年的发展，打造了一批又一批的“土豪”。可随着行业的调整和各项“禁酒”“禁烟”条令的出台，烟酒店面临极大的挑战，河南、湖南、河北等烟酒店发达的省份更是出现了“关店潮”，越来越多的老板认为酒水生意难做，烟类产品利润薄弱，不想再在这方面浪费资源。

我认为行业的调整势在必行，这是一个无法改变的事实。对于烟酒店来讲更是无法改变整体形势，唯一可以调整的就是改变自己。烟酒店在发展的逆境中如何前行？笔者结合一些优质的烟酒店的发展经验，浅谈一下自己的看法。

烟酒店终端商向小区域配送商转型

大部分烟酒店的老板主要以“批发 + 零售 + 团购”为主，在批发、零售、团购销售均承受巨大压力的时候，烟酒店可考虑和经销商或者企业签订“区域服务商（配送商）”协议。根据终端商自己的配送能力和资金实力，覆盖周边的烟酒店、酒店、批零店等终端渠道，从中获取一定的配送费用。对于经销商和企业来说，节省了资源，同时不必分散太多的管理精力。

适用烟酒店类型：有一定配送能力、在周边知名度较高，同时肯低调为客户服务的烟酒店。

烟酒店实行“会员”制度吸引客户

“会员”制度是一种较为简单的操作形式，目前很多烟酒店因为太“简单”而“看不起”这种操作形式。操作会员制度是一项看似简单但非常系统的模式。

比如河北石家庄某烟酒店刘老板，店就设立在自家小区门口。在竞争日益激烈的终端，他在2014年年底就着手会员制度。每个会员其实是一个会员家庭，主要针对本小区的住户，在店内购买10元以上的东西就可成为本店会员，享受本店每日推行的会员商品，如青岛啤酒进价即卖价、不定期采购鸡蛋会员促销、婚宴会员用酒额外优惠等。同时，刘老板还设立了众多的会员服务机制，给小区的核心客户带来了很多方便和优惠。2016年，刘老板的生意一直很好，已经打败了周边的几家店铺。附近的大部分居民都是这家店的会员，因为买东西有优惠，从这里可以看到会员制度的成效。

适用烟酒店类型：以服务为主的烟酒店；在卖烟卖酒的同时，也销售其他生活用品的烟酒店。

拉拢兄弟烟酒店，成立烟酒店联盟

烟酒店联盟是一种多家烟酒店联盟经营、统一进货、统一销售、互帮互助的联盟体模式。你经常会在郑州看到“商丘帮”“信阳帮”为代表的烟酒店联盟，他们经常在一起商讨本土的酒水行情，由专门的人员管理这些店面，形成烟酒店联盟。既有抱团取暖的好处，又可以在消费者心目中形成品牌形象，提高在消费者心中的信誉度。

烟酒店联盟需要一只领头羊，或者和同行一起，共同实现新的跨越。所以，烟酒店联盟需要有一个有影响力的烟酒店老板或者商家来促成此事，并且带领大家共同发展。通过我的调查，从2016年开始，不少区域的烟酒店都在组织成立烟酒店联盟，并且很多联盟都已初见成效。

适用烟酒店类型：烟酒店老板具有一定的号召力，同时有较多的烟酒店老板朋友。

烟酒店向社区便利性服务综合平台转型

对于经济实力不强的普通烟酒店来说，由单纯经营烟酒转为经营综合商品和服务的社区便利店更合适，也更简单。许多烟酒店老板也意识到这种趋势，并尝试着进行多种经营。我在走访市场的过程中发现，部分烟酒店门店利用购物便利的方便优势，不断扩展延伸服务，将销售实体商品和提供服务性商品相结合，提供话费、水电费、煤气费等代缴，影印、传真、快餐、熟食、代售报刊、送货上门等便民服务，极大地方便了周边社区居民和上班族。在销售额提升的同时，也提高了酒水产品的销量和人气。

适用烟酒店类型：资金实力一般，有耐心服务的烟酒店老板。

背靠大树，加盟连锁机构

随着行业的发展，目前连锁酒水机构发展较为迅猛，比如1919、桐徽烟酒、酒便利、泰山名饮等连锁机构目前行业内的知名度较高。如果烟酒店老板在资金充足的情况下，可以加盟他们的连锁机构，毕竟背靠大树好乘凉，“跟着大哥走，吃喝啥都有”。不过各个连锁机构在不同市场的战略方向均不一样，想走此路的烟酒店还需要多多调研这些连锁机构在本区域的操作模式，切勿盲目转型。

适用烟酒店类型：资金实力充裕、店面较大、服务团队比较多的烟酒店。

上述是笔者在走访终端过程中总结的市场经验，不一定适用于所有的烟酒店老板。但是在目前竞争的行业环境中，预想前行必须调整，故步自封只会被淘汰。

22. 酒店渠道运作实战 4 大案例

酒店渠道当年卖酒“叱咤风云”，后来由于厂商“玩命厮杀”，进店费、陈列费、促销费、促销员管理费、终端氛围营造费等各项收费名头被“开发”出来，致使众多小厂小商望而止步。但随着行业的调整和企业竞争的理性化，运作成本逐渐缩减。厂商开始重视酒店渠道，理性运作酒店渠道，将其作为适合白酒市场竞争现状的营销模式的重要举措之一。

酒店渠道运作可以实现产品与消费者近距离密切接触的一种品牌宣传方式，通过产品展示、设点品尝、互动游戏、现场买赠、驻店促销、氛围营造等直观、生动、高效的方式，实现对消费者的品牌传播和产品销售。

通过酒店渠道运作可以培养试饮人群，促进终端客户开发，带动终端动销，调动通路各成员的销售积极性。更重要的是，可以减轻厂商的销售压力，带来一定的利润。面对酒店渠道，笔者总结了一些优秀案例，供大家参考交流。

案例一：加一元，再来一瓶

适应酒店类型：B 类、C 类中小型餐饮店。

适合产品价位：10～30 元小酒。

此活动主要以中奖方式开展，酒店产品和流通产品要有区别，以防和流通产品价格产生冲突，比如产品印有酒店专供字样。消费者在酒店内消费一瓶××产品，即可刮奖或者现场抽奖，奖项分为两种：一种是加一元换购本品一瓶（图9）；另一种是谢谢品尝。此活动直接、简单、易操作，对消费者的吸引力较高。

活动延伸：买成品酒加价送品鉴装；买老品加价送新品；买大瓶装加价送小瓶装；买低价位产品加价换购高价位产品。

图9　加一元，再来一瓶

案例二：购酒送好礼，大奖送不停

适应酒店类型：全部酒店。

适合产品价位：50～300元产品。

此活动主要是阶段性促销活动，可以在新品上市、老品持续拉动、畅销产品增量时使用，奖品可为苹果手机、家电、旅游、购车款（和汽车销售公司合作）、高端品鉴酒一箱等。如果在某酒店中得大奖，本酒店负责人也将获得相同的奖品，提升终端老板推荐的积极性。对于中奖的客户还要印制宣传物料进行公示，以防部分消费者对活动产生质疑。

活动延伸：可以和一些单位合作开展联合促销，比如酒店自有代金券、汽车公司、旅游公司、苏宁电器、国美电器、商场等，降低市场投入成本。此活动在第一时间提高了消费者与促销活动的互动性，可以短时间内提高消费者的关注度，加深消费者对产品的记忆。

案例三：你买酒，我送菜

适应酒店类型：B 类、C 类中小型餐饮店。

适合产品价位：200 元以上产品。

活动内容示例：

促销一：凡是在店内消费价值 218 元 ××产品一瓶，均赠送价值 108 元菜品一份（自由搭配）。

促销二：凡是在店内消费价值 158 元 ××产品一瓶，均赠送价值 78 元菜品一份（自由搭配）。

促销三：凡是在店内消费价值 108 元 ××产品一瓶，均赠送价值 48 元酸菜鱼一份。

促销四：凡是在店内消费价值 48 元 ××产品一瓶，均赠送价值 12 元精美凉菜一份。

此活动简单易操作，并且合作酒店老板容易沟通，在县城、乡镇等市场开展活动效果较好。

案例四：二次消费，首次消费酒品免单

适应酒店类型：全部酒店。

适合产品价位：全价位产品。

此活动主要和酒店联合开展，即消费者首次在本酒店用餐并购买××产品，就赠送二次免单券。第二次再到本酒店消费，均赠送同等价值首次消费产品或者直接冲抵餐费。

此活动主要是联合酒店共同开展，厂商要合理计算具体费用比例。

除上述4种易操作策略外，还有直接买赠、服务员兑奖、酒店包量协议、免费品鉴、砸金蛋、酒店单独联盟商等主题活动。

23. 三招搞定升学宴、谢师宴

每年高考过后的七八月是举办升学宴、谢师宴最频繁的时间段，在孩子顺利被大学录取后，许多家庭要举行宴会庆祝升学或者感谢恩师。每家少则两三桌，多则几十桌。升学宴、谢师宴成为个人团购白酒消费的一个重要组成部分，具有非常重要的作用。

首先，可以在白酒消费淡季提升市场销量。

其次，升学宴、谢师宴消费者的口碑传播作用非常明显，往往同一区域或同班同学会有示范作用，通过口碑传播可以很好地拉动其他周边消费者消费。

最后，高考和中考录取期间正好是白酒消费的淡季，通过对消费者活动的宣传推广，可以提高消费者对产品及品牌的认知度，营造市场销售氛围，为即将到来的白酒消费旺季打好宣传基础。

为了更好地运作白酒升学宴、谢师宴，从以下三个方面为广大白酒经销商提供一定的帮助和支持。

精准的信息搜集和拦截，详细的物质奖励

（1）终端店老板推介：终端店老板主动向客户推介××白酒

产品，直接推介成功者一次性给予进货价 10% 的货物作为奖励，由经销商人员核心公关成功者一次性给予终端老板进货价 5% 的货物作为奖励。

（2）高考班、中考班班主任或者班长推介：通过对高考班、中考班班主任或者班长的核心公关，由他们提供考生的详细资料，再由经销商人员进行核心公关，每笔交易给予他们一定的实物作为奖励。比如主动推介，成功合作的给予 200 元/家的奖励；班主任、老师、收发处负责人主动推介、给予信息，推介成功的给予 50 元/家的奖励；班主任给予信息，没有合作成功的给予10 元/家的奖励。

（3）现有客户推介：通过对已经达成交易的学生核心公关，由他们提供身边考生的详细资料，再由经销商人员进行核心公关，达成的每笔交易给予他们一定的实物作为奖励，奖品以电子产品为主。

（4）自有员工推介：宣传全员营销思想，经销商内部员工提供举办升学宴的客户信息，可自行公关或者其他工作人员公关，对于达成交易者给予一定的物质奖励，具体奖励方式由经销商自行制定。

（5）升学宴酒店推介：通过对一些核心酒店工作人员进行公关，由他们提供在本酒店将要举办升学宴的客户信息，再由经销商人员进行核心公关，对于达成的每笔交易给予他们一定的实物作为奖励，奖品以电子产品为主。

（6）地方邮局快递员推介：地方邮局是每一个录取通知书的必经场所，又是一个充足的信息源，必须争取与其领导合作。

有效、精准的媒介宣传，直接将信息传达给核心人员

（1）报纸媒体宣传：高考、中考期间，报纸媒体关于高考信息、报考志愿、学校信息的内容比较多，考生家长的关注度比较高。因此，在当地主流媒体刊登××产品促销活动，可以将信息准确地传达给目标客户群体。

（2）考试成绩查询电话宣传：考试结束后，查询电话的使用频率极高、针对性强。在查询电话接通前用美妙的音乐结合优美的语言——“××产品预祝每位考生金榜题名”。

（3）烟酒店渠道宣传：针对升学宴宣传内容，印制POP广告、DM单或者制作X展架、易拉宝等宣传物料，放在烟酒店醒目位置，并且要求终端店老板向每位进店客户介绍××产品。这样不仅可以在短时间内爆发，还会加深人们对××品牌的关注度，提升品牌的美誉度，还可以引导终端老板推荐，促进产品终端动销。

（4）广播广告宣传：由于交通广播针对面广、传播时间长、传播内容丰富，具体广播内容根据不同市场和政策自行制定。这样有利于突出品牌对考生的关注，增加品牌在消费者心中的形象。

（5）邮件联合宣传：联合邮局，随录取通知单寄送活动的宣传单，准确率高，宣传主题可以准确宣传到位。

（6）酒店渠道宣传：以X展架、DM单、海报、展板等宣传物料烘托终端气氛，在酒店门口或者大厅摆放活动内容展板或者在酒店门口悬挂促销内容条幅，如果条件允许可摆放产品展示台、包厢放有产品宣传手册、酒店配备专职促销员等，从而全面

营造升学宴、谢师宴氛围。

（7）商超渠道宣传：针对升学宴、谢师宴宣传内容，印制POP广告、DM单、宣传海报、促销海报等宣传物料，放在商超酒水区醒目位置，如果条件允许可安排促销员协助销售产品。

最具市场吸引力的活动政策，赠品符合当代潮流和考生需求

政策一：买赠套餐。

备注：礼品选择可以依据实际情况调整。

选购原则：符合大学生需求，以精美易携带的电子产品为主。实物买赠，即现金进货达到一定的数量即可获得相应的物品；礼品请选择不易变现的物品，避免影响价格体系，请勿搭赠本品；请控制好活动力度，政策不要过度，避免影响价格体系。

政策二：旅游套餐，见表16。

表16　旅游套餐

等级	旅游政策
购买××产品5箱	赠送价值300元的单人北京欢乐谷一日游
购买××产品5箱	赠送价值500元上海东方明珠、新世界一日游
购买××产品5箱	赠送价值700元昆明、丽江两日游
购买××产品10箱	赠送价值700元昆明、丽江两日游
购买××产品10箱	赠送价值1000元苏州、杭州两日游
购买××产品10箱	赠送价值1400元三亚三天两夜豪华游

注：由于地理位置不同，旅游政策可根据当地消费水平和旅游价格另行制定。

政策三：购物套餐，如表 17。

表 17　购物套餐

等级	购物政策
购买××产品两件	赠送面值 300 元商超购物卡
购买××产品两件	赠送面值 200 元商超购物卡
购买××产品两件	赠送面值 100 元商超购物卡
购买××产品 5 件	赠送面值 800 元商超购物卡
购买××产品 5 件	赠送面值 600 元商超购物卡
购买××产品 5 件	赠送面值 300 元商超购物卡

注：由于市场情况不同，赠送购物卡可换成其他政策。

升学宴、谢师宴是一种和消费者直接接触的销售形式，把这些核心人群的升学宴做成品鉴会的形式，把服务做成自己的平台和品牌。无论是对品牌宣传还是产品销售都比较有效，希望上述内容对从事酒水行业的商家有一定的帮助作用。

24. 如何在酒水礼品市场赚一笔

春节走亲访友，消费者送礼的需求骤增，从当年的简装牛奶到现在的“六个核桃”；从当时 1 箱方便面到目前的猴菇饼干；从曾经的 1 箱白酒到眼前的琳琅满目的高档礼盒。白酒礼品市场已经没有了当年的“风采”。反之，一些中低档的酒水礼品成为消费主流。其中，比较有代表性的就是 1×4“横排”装、2×2“田字”装、1×2 手提袋装白酒产品。

很多酒水企业和经销商纷纷加入这场礼品大战，有人问笔者：“春节来临，我的酒水销售还能不能赚一笔?”笔者的回答是：能，绝对能。那么，在众多的酒水礼品中，你如何成为最“闪亮”的那颗星呢?

选对主打产品，包装要最“靓”

大家都知道，送礼很多时候在乎的是包装，里面的东西是第二选择。所有商家在选择主推礼品产品的时候，首先要考虑产品的精美程度，用一句通俗的话说就是“不挡第一眼”。如果消费者没看上产品外观，下一步的购买就不用问了。笔者总结了包装的几个要点：纸箱子要硬、看起来要大、1×4 包装要有提手、1×2包装袋子要高档、拎的绳子不脱落、放下不倾倒，如图 10 所示。这些都是包装的基本要领，商家在春节主推的时候一定要注意。

图 10　礼品包装

价格适中，消费者容易接受，价值感要“强”

“一瓶近千元的茅台不是谁都能送得起的，一箱几百元的酒还是没问题的。”春节期间，大部分人都离不开“送礼”，经常在商场或者小超市选择礼品，考虑最多的就是价钱和价值——花钱不多，买的东西看起来还不错。其中，在河北、河南、山东某些区域，捆绑礼品销售比较盛行。

比如河北某商家自己代理的猴菇饼干和泸州系列某产品，消费者各采购一箱就可以直接享受 20 元优惠，单箱购买无优惠。这对一些“占小便宜”的消费者的吸引力比较大，尤其是对于畅销品，商家可以采取“搭赠”“捆绑”“买酒送奶”等形式促销推广，让消费者感觉产品价值感更强，比单品促销更有效果。

终端店门外生动化不用太“雅”，整体氛围要“派”

“买表讲究链，买酒讲究派”。酒水礼品也是如此，对于生动化包装，笔者相信很多商家和终端店也知道其中的奥妙。但是对过节礼品消费来说，在任何一家终端店，你会看到不少于 10 种的礼品。如何让消费者第一眼就朝你走来，这需要我们对其进行“包装”。

笔者认为，在过节礼品终端生动化中，比较有效的方式就是“超大爆炸贴”和“满街宣传条幅”，尤其是一些县级、乡镇市场，特别有效果，让消费者看着有“派”，并且这种宣传品投入比较小。

终端网店多，整体铺市要“广”

根据调查发现，在春节期间，礼品消费者最多的终端不是烟酒店，而是一些“批发店”“小超市”。我建议，对想在春节礼品消费市场分一杯羹的酒水商家来说，不妨亲自和业务员进行大面积地铺市，尤其是一些城镇的批发部、小超市，可以签订短期合作合同，过了春节不想销售可以退货。让自己的产品在终端更多地“面见”消费者，无形中会增加购买机会。

驻点服务人员选择性配置，产品讲解要“专”

春节是一家团聚的日子，也是很多人赚钱的最佳时机，酒店爆满、洗车价格涨三倍、乡镇满大街摆着各种礼品……如果酒水商家可以放下一些和家人团聚的时间，带领自己的销售队伍在一些终端驻点促销，我相信一定是销量增长的好时机。最好前期做一天左右的专业知识培训，让每个驻点业务员熟记产品的卖点，表述流利，这样才可以让自己的产品在白酒礼品消费中占据“首位”。

注：本节照片均来源于网络。

25. 春节，如何开展酒水品牌宣传活动

俗话说得好，无酒不成筵席。春节作为中国最重要的传统节日，家家的年夜饭都离不开白酒。很多经销商和厂家都希望在此期间运用一些市场策略拉动消费者或者进行品牌宣传推广，笔者特意总结 10 种目前消费者比较青睐的品牌推广形式，在销售的同时，有效地进行品牌推广，最重要的是这 10 种方式投入费用很低。

第一种：新年寄语、新年愿望，线上线下结合推广

大部分企业和经销商都有自己的微信公众号，可以让消费者通过微信形式向公众号发送自己的新年愿望或者新春祝福。在销售氛围较好的商场或者核心烟酒店设置“××品牌新春寄语墙”，重点展示产品和品牌信息，比如“凡是购买××品牌任意一款产品，都可以在许愿纸上写上自己的新年寄语，张贴在许愿墙上”（图 11）。待春节结束以后，由商场内部人员选出一定数量的幸运参与者赠送××品牌的品鉴酒，利用更有参与感的活动进行品牌宣传。

图 11　××品牌新春寄语墙

第二种：留下最美笑脸，品尝最美××（品牌名称）

内容一：在××品牌旗舰店门口开展“留笑脸，品美酒”的品牌推广活动，凡是在××品牌旗舰店门口，手拿产品拍下一张笑脸照片并放置在现场展板或者××品牌公众号上，均获得一瓶价值××元的品鉴酒。

内容二：在任何酒店或者家庭聚饮中，喝××品牌产品并在现场手拿产品拍下一张笑脸照片，发送至××品牌公众号，均可在××品牌旗舰店领取一瓶 500ml 的品鉴酒。

以幸福快乐的形式进行地面推广，增强消费者对品牌的认知和产品口感的培养。

第三种：晒出家乡美，品出美酒情

春节是团聚的日子，人们都会回到自己的家乡和家人团聚，大部分人都会拿出手机去“纪念”家乡的美景。以“晒出家乡美，品出美酒情”为主题的推广形式开展品牌活动，以微信传播和地面终端海报传播为主告知活动。然后让消费者参与活动，最终选取一些作品给予奖励，主要以自我品牌的核心产品为主，造势宣传，如图 12 所示。

图 12　晒出家乡美，品出美酒情

第四种：年夜饭，××区域价格、信息一览表

主要是和当地主流饭店合作推广的品牌活动，对于未合作的酒店也要深入了解调研，梳理详细的年夜饭预定信息，比如酒店地址、年夜饭预定电话、餐费标准、停车位信息、包厢状况、促销活动等，整理成表格放置在终端，以“二维码”形式呈现，扫描二维码关注，即可获得本地年夜饭的相关信息。

注：还可以提供一些自助餐、火锅店等信息，吸引更多的消费者参加活动。

第五种：联合洗车行，买酒送洗车地面推广活动

过年走亲访友，大部分人都会开车出行，并且都会到洗车行洗车。可以在春节期间联合洗车行开展“洗车送酒”活动，比如在××洗车行洗车的朋友，均赠送价值 25 元××品鉴酒一瓶，如

图 13 所示。如果条件允许，可以在车后窗张贴××品牌的车贴广告，进行更深层次的宣传。

图 13　联合洗车行，买酒送洗车

第六种：献一份爱心，领取一瓶美酒

“情感宣传”一直是品牌推广的有效形式。在春节期间，一些农村均有一些留守的儿童和老人，酒水品牌可以在自己的公众平台推广“献一份爱心，领取一瓶美酒”的品牌活动。消费者捐赠一定金额的现金或者物资，均可在××旗舰店领取一瓶品鉴酒，并且有机会参加××品牌的捐赠爱心的活动，进而增加消费者对酒水品牌的情感诉求。

第七种：让××品牌带给父母一份健康

春节期间，很多子女都选择赠送父母一份有价值的物品，包括健身器械、养生保健产品、旅游、体检卡等，不仅仅停留在以前的牛奶、饮料、方便面上。酒水品牌可以和当地较有名的体检中心联合开展活动，比如凡是购买价值 888 元××品牌产品，即可获得一张价值 1088 元的××体检中心的体检卡，利用跨界营销的形式开展品牌推广活动。

第八种：春节期间，××酒店星级厨师教你做大菜

这种活动一般是联合当地的酒店开展，选择一个特定的时间，在××酒店联合开展“星级厨师教你做美食”的品牌推广活动，并且可以现场接受预订年夜饭和赠酒等。

第九种：××品牌最美全家福征集活动

这种形式和最美笑脸类似，一般春节都是团圆的日子，很多家庭都会相聚在一起吃饭、喝酒，最后合影留念。酒水品牌可以在自己的公众平台上开展“××品牌最和睦家庭合影照征集活动”。大部分消费者都会参加这个活动，最后选出“全家福人员最多”“全家福最时尚”“全家福笑容最灿烂”等大奖，以××品牌产品作为奖励，进行品牌宣传。

第十种：××品牌，“送温暖，进社区”活动

“送温暖，进社区”是公益活动的一种，酒水企业和商家可以联合本地政府机关共同开展此活动，对于一些“空巢老人”可以赠送米面、酒水。

笔者总结的春节期间酒水品牌推广活动形式都是一些操作简单、效果明显的模式，希望对酒水商家有一定的借鉴意义。

注：本节图片均来源于网络。

26. 春节冲量政策如何定

一年一度的春节是压货季，各大企业和商家都“绞尽脑汁”思索如何给终端客户压更多的货、如何在年底冲量。

方式一：一次性回款压货奖，基本奖励政策

一次性回款压货奖是根据厂商指定的进货政策，在春节旺季前期，一次性打款 1 万元（3 万元、5 万元）即可获得一定的奖励政策（以自身品牌的畅销产品作为奖励）。兑付的奖励随货直接发出，无须任何兑付流程和凭证。

效果评估：此方式操作简单粗放，对于畅销产品，终端接受程度较高；弊端在于政策监控不到位。

方式二：核心终端客户订货，选择性开展订货奖励

根据市场发展的阶段不同和商家的自身资源的差异，选择目标市场 50% 的核心终端作为订货的目标对象，制订有吸引力的政策，同时告知在 × × 区域仅选择一半的客户享受本政策，让终端客户有稀缺的感觉，达到订货的目的。

效果评估：本方式适用于实力一般的经销商，将有限的资源

用在核心客户身上，是一个不错的选择。

方式三：大坛酒、封坛酒、差异化产品作为奖励

大坛酒和封坛酒作为非传统产品，在传统渠道的日常消费中一直表现一般。春节期间，厂家和商家可提前准备一些大坛酒（3L 装最佳）作为订货奖励，订货金额门槛设置不要太高（2000 元送一坛大坛酒），终端不仅可以销售还可以作为礼品送给亲朋好友，还可以在自己店面中作为形象展示产品。

效果评估：大坛酒作为订货奖励一直是比较有效的手段，操作简单，终端接受程度较高；弊端在于商家和企业的大坛酒定制的成本核算及时间一定要把控到位才可执行。

方式四：年夜饭，和酒店联合促销压货

为了对终端压货，在基本进货奖励基础之上开展消费者主题促销活动。联合酒店一同开展活动，政策见表 18。

表 18　联合酒店压货

等级	团圆宴代金券套餐政策
购买××产品 10 年一箱	赠送××酒店代金券 200 元，可抵现金使用
购买××产品 8 年一箱	赠送××酒店代金券 100 元，可抵现金使用
购买××产品 5 年一箱	赠送××酒店代金券 80 元，可抵现金使用

注：合作酒店必须为当地主流酒店，要求口碑好、客流量大、地理位置优越等，并且在酒店内摆放××品牌产品宣传广告和促销活动广告的相关物料，根据实际情况还可配备促销员。商家可根据当地消费水平将政策上下延伸，前提是政策力度适度，不可影响价格体系。

效果评估：此方式属于跨界营销的一种，开展时间不宜太长，政策力度要大，否则终端客户不会“接招”。年夜饭、酒店代金券一直是酒水促销的常用手段和方式，以此活动带动烟酒店的压货也是一个不错的选择。

方式五：先签合同再拿奖，合同结束再付款

此方式主要是为了解决部分客户“出钱难”的问题，在制订基本压货政策后，和每个终端商进行面对面的沟通，争取做到“现款现奖”。对于部分“难缠”的客户可采取这种“迂回”策略，为了不影响现金进货的客户，可以降低进货奖励门槛，签订旺季销售合同，领取基本政策奖励。到年底完成合同任务，打款达到合同标准，即可补齐以前的正常政策奖励。

效果评估：此方式是一种具有一定风险的压货政策，在操作过程中虽然容易被终端商接受，但是“跑单”的风险商家也必须核算在内，以免造成不必要的损失。

方式六：汽车、家电、加油卡、超市购物卡等实物奖励

实物奖励一直是酒水商家和企业惯用的进货政策奖励，这种压货政策可联合一些电器城、加油站、商超联合开展，相互之间

可以以置换资源的形式联合促销。最后取得参与双方全丰收的效果，并且合作单位也比较愿意接受。

效果评估：此方式比较看重厂商自身的“能力”，是否可以联合其他单位进行促销。同时在选择促销品的前期，一定和终端商进行沟通走访，选择他们比较容易接受的产品。

方式七：全家福摄影、父母体检卡、亲子游等服务奖励

服务奖励是指酒水商家在压货的时候打的“感情牌”，同时也不容易影响价格体系。现在很多终端商的物质需求已经基本满足了，精神需求就是压货的切入点，“父母体检卡”被很多人接受。

效果评估：操作比较简单，提供服务项目的单位选择商家和企业比较关心的，如果出现一些“瑕疵”必将影响自身的品牌形象。因此我建议商家和企业选择一些和健康有关的合作单位，作为压货政策的奖励。

方式八：累计进货奖励奖券抽奖，开展年终订货会

订货会是所有商家经常使用的形式，在订货会上开展一些活动，以达到终端进货的目的。基金或奖励奖券抽奖是指根据客户的进货金额，累计赠送抽奖券，享受不同的坎级奖励。比如终端客户进货 2000 元赠送奖券一张，终端客户进货 3000 元赠送奖券两张，终端客户进货 10000 元赠送奖券 10 张，百分百中奖。利用这种差异化的进货奖励政策让终端客户最大金额的进货。

效果评估：此种方式是一种“赌博”的压货政策，刺激了终端客户的参与性。

笔者总结的 8 种春节压货的政策制定具体方式，对商家来说不一定新颖，但是希望对一些商家有一定的启发。

27. 酒水经销商，5 招教你年底如何冲销量

春节前后的一段时间正是酒水销售的旺季，多数经销商都想利用这段时间大赚一笔，让自己这一年的销售再提升一些，也算过个“漂亮”年。笔者根据以往走访市场的经验，特总结了 5 种最简单、最直接、最有效的形式，供经销商朋友分享。

以“情”动团购，经销商降低身段做销售

在年末，团购销量会在这个阶段有一个爆发点，以节假日福利待遇和节日礼品最为明显。

河北某泸州系列酒县级经销商赵总，在当地属于二类经销商，在酒水行业不太景气的情况下，在年底一个月的时间内，做团购实现了 60 万元的销售额。赵总首先把自己手机里面的电话号码梳理一遍，把一些具备团购能力的朋友划为一个群体，其中大部分为一些小企业老板和企业老板的子女，然后自己“厚着脸皮”逐一进行面对面拜访，最后在拜访的近 100 个客户朋友中，约 15 家直接选择其产品作为福利用酒，6 家放弃以前的酒水品牌接受了他经营的产品，12 家象征性地小批量购买了一些。赵总说：“其实有些客户也是看我的面子，要不是我去还不一定用我的酒呢。”

方式点评：此方式适用于中小型经销商，可以放下身段做团购。我建议一些具备团购资源的经销商，在年底冲销量的时候亲自“操刀”做这项工作。

终端货先卖，年后再结算，利润给终端，不卖我拉走

此种方式是比较“激进”的方式，在终端卖酒压力相当大的时候，要想在里面获得一部分收益，就必须在运作模式上有一些“出其不意”的方式和手段。

江苏徐州某地产酒经销商刘总，做酒十几年，在终端的口碑一直很好。年底部分终端资金压力紧张，不想压太多货，刘总和高层商议做短期赊货。要求终端签订协议，把××品牌产品作为本月的第一推荐产品，同时无条件接受春节促销活动的广告物料的核心位置拜访，无须任何费用。待春节结束后，再根据正常的政策进行结算，结果在年后操作的110家终端里，约80%终端全部销售完，无一家选择退货。一个月110家终端销售额达75万元。

方式点评：此方式适用于“胆子大”的经销商，和终端的客情达到“亲兄弟”的程度，并且产品被消费者接受。

门口摆地堆，氛围我最好，牌面我最大

河南安阳某酒水商家，节日礼品消费一直做得不错，公司还经营一些饼干、蛋糕等食品类产品。商家在春节期间把酒水产品和其他食品类产品进行捆绑，要求所有店面把产品放在店门口最显眼的位置，牌面也是最大的。同时商家也给予店面“一个半月

奖励1000元产品"的政策，作为短期的一个促销政策进行操作。在产品堆头陈列的同时，还临时招聘自己的亲戚作为促销员进行驻地促销。在2015年春节期间，酒水销售和食品类产品销售实现双丰收。

方式点评：此种方式属于跨界销售的一种，借助更多的优势资源进行联合销售。商家也要具备一定的终端资源，最重要的是一些以礼品为主的终端店。

一些非主导产品做"放量"促销，消减库存

对于任何一些经销商来说，总有一些"卖不掉"或者"难卖"的产品，春节期间绝对是一个比较好的放量时机。

河北某乡镇二级批发商属于"杂酒"经销商，号称仓库里面有1000多种产品。在2015年春节期间开展了多种促销，比如买一赠一、买白酒赠红酒、搭赠节庆用品、限时折扣、第二箱半价、联合酒店做促销等，让消费者感觉"占了便宜"。经销商还利用"集市"的作用，在很多消费者购买年货期间做促销，采取"甩货""甩卖"等形式处理一些滞销产品。

方式点评：此方式适用于一些非主导产品，尤其是一些退市的产品，在商家仓库比较占资金，利用春节甩卖是不错的选择。

抓住农村核心小商店，联合开展"村村"酒水促销

对于一些发达的农村，小商店已经具有城市小超市的功能，并且还在以比较快的速度发展。所以，县级经销商和乡镇二级批发商可以联合一些门面较大、口碑较好的农村小商店老板联合开

展促销。主要以“零风险”模式合作，一般店内放置10箱成品酒、两个“双5”并排空箱作为产品陈列和产品宣传。一些商家可以配备一些条幅悬挂在小商店的门口，帮助宣传产品。春节过后再收款，一般商店都是农户自己家的房子，很少“跑单”，运作风险比较小。

方式点评：此方式适用于一些中低端酒的农村市场宣传和销售，在北方的一些农村相当受欢迎。

上述是笔者为大家分享的一些春节冲量操作的心得，不一定适用于所有的商家和市场。除了这些形式外，还有很多种形式，比如月度包量返现、消费者免费领取对联（促销品）、联合酒店年夜饭促销等，都是比较有效的方式和方法。

28. 春节白酒最具实战效果的 7 大促销形式

春节是年末的最后一战，经销商若在此期间开展一系列的主题促销活动，对品牌形象和销量的提升有一定的作用。下面是笔者总结的一系列主题促销形式，希望大家可以用得上。

促销活动持续时间：根据本地时间自行制定。

促销活动筹备时间：根据商家资源自行制定。

试用活动范围：区域性白酒市场、县级单位、镇级单位。

形式一：买赠套餐（表 19）

表 19　买赠套餐

等级	买赠套餐政策
购买××产品五星两箱	赠送价值 168 元××品牌主题高档分酒器 1 套
购买××产品四星两箱	赠送价值 98 元××品牌主题高档主题酒具 1 套
购买××产品三星两箱	赠送价值 68 元××品牌主题高档酒杯 4 个

注：促销品可以根据实际情况调整。

促销品选购原则：促销品应符合消费者需求，以简单实用的产品为主，不易变现的物品，最好是酒水品牌的主题促销品，如图 14 所示。

图 14　酒水品牌的主题促销品

形式二：团圆宴代金券套餐（表 20）

表 20　团圆宴代金券套餐

等级	团圆宴代金券套餐政策
购买××产品 10 年一箱	赠送××酒店代金券 200 元，可抵现金使用
购买××产品 8 年一箱	赠送××酒店代金券 100 元，可抵现金使用
购买××产品 5 年一箱	赠送××酒店代金券 80 元，可抵现金使用

注：合作酒店必须为当地主流酒店，要求口碑好、客流量大、地理位置优越等，并且在酒店内摆放××品牌产品宣传广告和促销活动广告的相关物料，根据实际情况还可配备促销员；商家可根据当地消费水平，将政策上下延伸，前提为政策力度适度，不可影响价格体系。

形式三：买一赠一套餐（表21、图15）

表 21　买一赠一套餐

买一赠一套餐
消费者在开展活动的任一终端店内购买××产品一瓶均赠送本品一瓶（或者品鉴酒一瓶）

注：赠品可根据市场的主流促销形式和促销力度进行相应调整，最好在超市或者城乡接合部店铺开展活动，其中开展活动的店铺内必须在终端陈列产品上贴爆炸签，直接向消费者宣传活动内容。

图 15　在终端陈列产品上贴爆炸签

形式四：激情刮奖促销

激情刮奖主题：喝××产品，赢9999元现金大奖！

奖卡说明：印制刮奖卡张贴在产品酒盒上，刮奖区共分为两部分：刮奖区和密码区。刮奖区分为四小部分，千位刮奖区、百位刮奖区、十位刮奖区、个位刮奖区，每个刮奖区都有 0 ~9 的数字，如图 16 所示。其中，密码区不允许刮开，否则中奖无效。

刮奖规则说明：先从个位刮奖区刮起，如果出现 1 ~9 中的任何一个数字，即可兑换相同金额的奖金。可以放弃刮开更高位数，也可选择继续刮奖。如果刮开十位区继续出现 1 ~9 中的任何一个数字，即可获得同等数额的奖金。如果出现 × ×产品酒瓶的图案，刮奖终止，奖票视为未中奖，以此类推。

兑奖说明：金额在 99 元以下（包含 99 元）的奖票在终端店兑奖，金额在 99 元以上的奖票须要到当地经销商处兑奖。

促销活动前期准备：印制奖卡、张贴奖卡、测算投入比例、广告物料制作、线下媒体宣传等。

图 16　刮奖卡

形式五：主题对联欢乐送

根据各个区域风俗习惯不同，印制 × ×产品主题对联用于促销活动。

促销内容：购买 × ×产品两瓶均赠送高档主题对联一副。

形式六：年货购物套餐（表22）

表 22　旅游套餐

等级	购物政策
购买××产品金钻两件	赠送面值 300 元商超购物卡
购买××产品蓝钻两件	赠送面值 200 元商超购物卡
购买××产品红钻两件	赠送面值 100 元商超购物卡
购买××产品金钻 5 件	赠送面值 800 元商超购物卡
购买××产品蓝钻 5 件	赠送面值 600 元商超购物卡
购买××产品红钻 5 件	赠送面值 300 元商超购物卡

注：商超必须为本区域内大型超市，最好是连锁超市。

形式七：欢乐全家福套餐（表23、图17）

表 23　欢乐全家福套餐

等级	购物政策
购买××产品金钻 5 件	赠送价值 168 元全家福摄影一套
购买××产品蓝钻 5 件	赠送价值 268 元全家福摄影一套
购买××产品红钻 5 件	赠送价值 368 元全家福摄影一套
购买××产品金钻 10 件	赠送价值 568 元全家福摄影一套
购买××产品蓝钻 10 件	赠送价值 768 元全家福摄影一套
购买××产品红钻 10 件	赠送价值 998 元全家福摄影一套

注：合作单位必须为本区域内信誉好、高档的摄影单位。

上述是笔者提供给酒水商家的一些实战案例，笔者认为商家

图 17　买酒送全家福

不需要追求过于创新的促销形式，只要把一个促销形式的价值发挥得淋漓尽致即可。春节是礼品消费、聚饮消费的主要时间段，商家亦可采取“多渠道互动、多形式并存”的促销形式。

29. 中秋节白酒订货会到底怎么开

在中秋节来临前，很多企业和经销商都开始准备中秋节的订货会，不仅可以短期内实现销量增长，还可以抢占客户一定的资金和仓库。基于订货会的重要性，厂商参与要经历包括订货会召开前的政策制定、前期相关准备工作、订货会现场把控及会后后续工作跟进等多项环节，可以说一个高质量的订货会的举办绝对是智力活与体力活的完美结合。那么一场成功的中秋节订货会如何召开呢？

召开中秋节订货会注意事项

（1）准备不充分，不注意细节。订货会是一个可以和客户直接接触、面对面沟通的平台，前期需要把具体时间、地点、政策、参会人员、主办人员、管理人员、会场物料（表 24）奖品等准备好，任何一个细节都有可能导致订货会失败。

表 24　物料制作要求

类型	备注
X 展架	产品宣传画面及活动介绍
KT 板	产品宣传画面及活动介绍

续表

类型	备注
DM 单	产品宣传画面及活动介绍
宣传海报	产品宣传画面及活动介绍
条幅	活动主题、推广口号
产品手册	产品手册
广播广告	突出活动主题及产品宣传介绍
报纸广告	产品宣传画面及活动介绍
促销品	主要为品牌标志，根据促销品种类灵活掌握

（2）订货会开成吃喝会、沟通会、联谊会。订货会免不了吃饭，但是主办单位一定要把握好适度原则，最好每一桌都安排一个专职人员，引导一些关于本次订货会的话题，避免客户和客户之间套近乎、拉家常。同时要额外关心爱喝酒、酒量差的客户，不可出现喝醉的现象。

（3）订货会现场氛围营造。其实订货会成功与否，一个很重要的原因就是现场氛围，不要只是喝酒、吃饭，最好在穿插一些有意义的事情，比如表演、抽奖等。

中秋节订货会的准备工作

基本工作：订货会时间、地点、参会人员名单、邀请函、现场广告物料制作、主持人确定、宣传手册等工作的落实，最好每一项具体工作都定人、定时间完成。

政策制定：政策制定是订货会的核心，政策能否吸引客户直接影响订货会的成功。表 25 为根据市场发展类型采取的政策。

表 25　根据市场发展类型采取的政策

客户类型	市场导入期	市场成长期	市场成熟期
分销客户	促销力度放大，可适当增加赠送的产品，加快产品导入市场的速度	促销力度适度放大，赠品以产品（少量）加实物赠品，控制市场销售价格的同时占据分销商的资金，对竞品进行打压	促销力度缩小，赠品以实物为主，控制市场销售价格的同时最大化地占据分销商的资金和仓库，压缩竞品进入仓库的空间
终端客户	促销力度放大，可适当增加产品的赠送，加强终端客户对产品的推力	促销力度适度发大，赠品以产品（少量）加实物赠品，控制市场销售价格的同时加强终端推力，加速产品销量突破	促销力度缩小，赠品以实物为主，少量订货时可配赠产品，控制市场销售价格的同时占据终端的资金和仓库，对竞品进行打压

订货政策一：以金额为标准的订货政策，见表 26。

表 26　以金额为标准的订货政策

订货金额	奖品设置
1000 元	1. 奖本品 200 元
	2. 奖美的电饼铛一个（市价 165 元）
3000 元	1. 奖本品 600 元
	2. 奖格兰仕微波炉一台（市价 659 元）

续表

订货金额	奖品设置
5000 元	1. 奖本品 1000 元
	2. 奖海尔洗衣机一台（市价 1199 元）
9999 元	1. 奖本品 2000 元
	2. 奖 × ×品牌智能手机一部
	3. 奖康佳电磁炉一台
	4. 奖康佳 DV 摄像机一台
	5. 奖安吉尔饮水机一台
29999 元	1. 奖本品 6000 元
	2. 奖艾玛电动车一辆（市价 2000 元）
	3. 奖苹果电脑一台（市价 4999 元）
49999 元	1. 奖本品 10000 元
	2. 奖海尔 CE42、46 液晶电视一台（市价 6999 元）
	3. 奖戴尔电脑一台（市价 4290 元）
99999 元	1. 奖本品 10000 元
	2. 奖五菱面包车一辆（专卖店市价 29900 元）
199999 元	1. 奖本品 20000 元
	2. 奖 1.6L 现代自动档轿车一辆（专卖店市价 79900 元）
299999 元	1. 奖本品 30000 元
	2. 奖日产 1.6L 自动档轿车一辆（专卖店市价 130000 元）

订货政策二：以产品组合为标准的订货政策，见表 27 所示。

表 27　以产品组合为标准的订货政策

奖项	进货明细			进货金额	奖品政策
	××三星	××四星	××五星		
特等奖	2000 件	1000 件	500 件	42.9 万元	送轿车一辆（价值 13.6 万元）
	19.2 万元	13.8 万元	9.9 万元		
一等奖	1000 件	500 件	200 件	20.46 万元	送名牌厢货车一辆（价值 6 万元）
	9.6 万元	6.9 万元	3.96 万元		
二等奖	500 件	200 件	100 件	9.54 万元	送名牌面包车一辆（价值 2.6 万元）
	4.8 万元	2.76 万元	1.98 万元		
三等奖	300 件	100 件	50 件	5.25 万元	送数码高清电视一台（价值 1.36 万元）
	2.88 万元	1.38 万元	0.99 万元		
四等奖	100 件	50 件	30 件	2.25 万元	送电脑一台或三轮摩托一辆（价值 6000 元）
	0.96 万元	0.69 万元	0.594 万元		
五等奖	50 件	30 件	10 件	1.1 万元	送智能手机一部或电动车一辆（价值 2500 元）
	0.48 万元	0.414 万元	0.198 万元		

企业和经销商可以根据自己市场的具体情况和市场需求制定执行政策，一定要做好监管工作，不得出现“拼货”现象。对活动的费用和销售进行预估，掌握活动的盈亏点，合理利用与分配区域内市场费用投入。

订货会现场氛围营造和流程

（1）现场物料和要求（表 28）。

表 28　现场物料和要求

	名称	数量	要求
统一制作物料	空飘	6 个	用于会场外氛围营造，呈环形或直线型陈列于酒店门口广场，要求气球样式统一，高度统一，不低于 10 米，条幅内容不重复
	拱门	一个	用于会场外氛围营造，陈列于迎宾大道最前方，要求全部用红色，高度不低于三米
	展架	10 个	用于会场内外氛围营造，摆放于酒店大厅与会场内，要求其中几个使用本次订货会主打单品瓶体的主画面
统一制作物料	话筒装饰牌	10 个	用于话筒装饰，要求采用主打瓶体画面；两面都要有画面，并且两面的画面一致
	绶带	10 个	用于司仪披挂，要求主色调为红色；绶带上要有 × × 企业标识；绶带上标注"× × 欢迎您"
	邀请函	× 份	用于邀请客户，大气，和产品形象保持一致
非统一制作物料	会场外条幅	10 条	用于会场外氛围营造，要求统一背景和字体，内容不能重复
	会场内条幅	三条	用于会场内氛围营造，要求统一背景和字体，内容不能重复，大小按会场需要制作
	背景墙	一个	用于主席台布置，要求背景为红色；主画面为主打瓶体；有主办单位名称、日期等内容，大小按会场需要制作

续表

	名称	数量	要求
非统一制作物料	KT 板	若干	用于会场内墙体装饰，主画面为品牌广告主画面；大小、数量按会场需要制作
	花篮	若干	用于会场内外氛围营造，主要摆放在大厅与酒店门口，要求大小、样式统一
	鲜花	若干	嘉宾席、主席台布置
	桌牌	若干	用于介绍嘉宾席身份
	道路引导牌	若干	道路指引，要求红色为背景色，指示牌上要有主打产品瓶体与××企业标识
	物料袋	若干	包含笔记本（或 A4 纸）、笔、会议流程、会议须知、会议入场证，每个来访客户发一份

布置会场除物料筹备外，还需要注意仪器调试、产品堆码陈列、会场签到处布置。每一项都需要专人负责，其中产品堆码展示，大厅内需要进行产品的堆码与开盒展示，主打产品的每个单品堆码数量不少于 10 件，开盒展示不少于三套，具体摆放形式根据会场环境自主选择。还需要准备签到处，登记客户的姓名、电话、公司名称、所在区域等。

（2）订货会现场整体流程（表 29）。

表 29　订货会现场整体流程

时间	内容
14:00—15:00	客户接待工作
15:00—15:10	主持人宣读开场白并介绍到场嘉宾

续表

时间	内容
15:10—15:40	企业（经销商）总经理讲话
15:40—16:00	企业（经销商）董事长讲话
16:00—16:15	分销商代表发言
16:15—16:30	终端商代表发言
16:30—17:00	经销商总经理或者区域经理宣读订货政策
17:00—18:00	订货
18:00—21:00	晚宴和抽奖
21:00—晚宴结束	给未中奖客户赠送礼品

会议现场注意要点：

1）嘉宾报到时请携带邀请函到登记处登记并领取嘉宾证（注：一函一人）。

2）敬请参会嘉宾佩戴嘉宾证进入会场，并提前5分钟入场就座。

3）会议开始后请勿随意走动，会议期间请关闭手机或设置成无声状态。

4）会议期间请勿抽烟，并保持会场清洁。

5）嘉宾领取礼品时请出示邀请函并提交礼品券。

（3）订货会现场氛围营造。

1）所有发言人员必须经过严格的筛选，在语言表达和外表上需要进行审核，发言期间需要声音洪亮、有煽动性。

2）从订货开始到结束，播放欢快的音乐，并且提前安排有意向的客户带头订货。尤其在订货中出现大金额订货者，主持人需要告知与会人员订货人及金额并表示感谢。

3）凡是订货的客户均可领取晚宴抽奖券，抽奖券分为主副券，晚宴抽奖环节根据持有奖券领奖。

4）可设定“首款奖”——首个打款的公司或个人给予特殊的奖励；“累计奖”——累计订货额最高的公司或个人给予特殊的奖励。

订货会结束，仅仅完成了订货会任务的一部分，后续跟踪、落实订货会订单才算本次订货会的结束。除此之外，还要跟踪现场没有订货的客户，再次深入沟通，争取在现场外实现订货。

30. 4招帮你做好中秋节促销

中秋节作为中国传统性节日，对于白酒行业来讲，是产生动销的一个关键时间段。无论是白酒企业还是商家都可以在渠道促销、消费者拉动、终端氛围营造、人员促销等环节开展一系列的营销工作，使产品从淡季营销全面过渡到旺季营销，为旺季营销开个好头，并为整个旺季的市场工作打下坚实的基础。下面是笔者总结的几种比较简单、有效的主题促销方式，供大家参考。

促销主题不要“文绉绉”，但要“赤裸裸”

凡是促销活动都想用一个主题吸引人的眼球，但就几个字都需要“冥想”很长时间。不是不够“高大上”就是不够“清新脱俗”，常常在这上面浪费时间和精力。根据笔者对消费者的访谈，其实消费者根本不要“文绉绉”的促销主题，他们只希望看了就知道这个活动核心是什么就可以了，比如买××两瓶，即送××产品、买××中××产品，容易被人记住。不需要做成“明月几时有，把酒饮欢聚”这种艺术色彩的主题，这是卖酒不是文学比赛，完全没用。笔者认为，促销主题不要“文绉绉”，就要“赤裸裸”，把核心内容表现在主题上就可以了，让消费者一目了然。

店门口搞地堆，活动买赠全面推

说到打地堆，很多商家会感觉太老套了，一点也不新颖，谁都会做。但是山东某商家就靠几个动作，实现整体市场年营业额几千万，具体操作核心点如下。

（1）所有地堆均在烟酒店、小超市门口成箱展示，店内货架陈列。

（2）所有地堆的展示均需要根据店的大小、位置指定地堆的整体大小，然后定制“专属”地堆托盘，托盘底部印有产品的品牌名称和广告语。

（3）所有地推均配置不低于 5 个价格爆炸贴、不低于三个中秋主题促销活动 X 展架、不低于 10 个赠品展示，部分核心店面还配备专职促销员。

（4）所有打地堆的店面，在中秋节促销活动期间均享受双倍返利的促销活动支持，并每天给予两瓶品鉴酒的地堆维护奖励。

这几个简单的动作在区域市场做得细致入微，每家终端店门口都有一个大大的地推，宣传效果两个字——“霸气”。

传统旅游 + 亲子游 + 全家自驾游

旅游也是白酒较为常见的促销手段和方式。传统旅游最容易操作和执行，比如河南某商家和旅游公司合作开展的买一箱价值 468 元的 × × 产品，即送北京大巴两日游。形式简单，容易操作，消费者接受程度高。

在中秋佳节这个团聚的日子，很多家长都想利用这个假期好好陪陪家人，所以江苏某商家专门和一家旅游公司合作，开展“购买××产品，即送三人××亲子游”，活动主要以增进家长和孩子的感情为主题，吸引了部分平时没有时间陪孩子的家长，在此活动期间也对××产品有了一定的了解。

还有很多年轻人喜欢在节假日自驾游，也可以开展“你自驾游，我买单”的主题促销活动。比如购买××产品，并将产品和旅游的过程拍摄成照片发送给经销商，即可获得同等价值的××品鉴酒。

团圆宴、全家福摄影、老人保健器材等情感类促销

中秋团圆一直是白酒促销诉求的关键点，在此期间，商家也可以抓住这个关键点，开展主题促销，见表30～表32。

表30　亲情摄影套餐

等级	亲情摄影政策
购买××产品30年5箱	赠送价值688元的全家福幸福和睦摄影套餐
购买××产品15年5箱	赠送价值388元的全家福幸福美满摄影套餐
购买××产品10年5箱	赠送价值288元的全家福和和美美摄影套餐

表 31　团圆宴套餐

等级	团圆宴政策
购买××产品五星 10 箱	赠送价值 1188 元幸福共团圆团圆宴一份
购买××产品四星 10 箱	赠送价值 688 元十全十美幸福中团圆宴一份
购买××产品三星 10 箱	赠送价值 488 元招财奔前程团圆宴一份

表 32　感恩套餐

等级	购物政策
购买××产品至尊 5 件	赠送价值 599 元××品牌足浴盆一个
购买××产品御尊 5 件	赠送价值 388 元××品牌保健枕一个
购买××产品龙尊 5 件	赠送价值 288 元××体检中心体检套餐一份

在活动开展前期，可以和影楼、酒店、保健器械经销商、体检中心联合开展促销活动，也可以用酒进行置换促销。

这是笔者给大家介绍的几种形式，希望对酒水商家有一定的帮助，不一定适用于每个商家。最好在开展促销过程中，联合渠道一起开展活动。

笔者认为，没有那么多“推陈出新”的促销形式，也没有那么多“异于常人”的促销政策，都是在传统的形式上予以借鉴、提升。如果一味地说“这种形式太老套了”“那种形式都玩腻了”“这完全是纸上谈兵”，就没有任何意义。就算等到天荒地老，你什么也不做，结果也是零。

31. 白酒砸金蛋促销活动如何办

砸金蛋活动作为白酒促销的“老套路”，很多白酒企业和商家都在特定市场开展过类似的活动，并且取得了很好的效果。在白酒砸金蛋促销活动中，很多品牌依靠此活动打开了市场。也有很多商家觉得这个活动太老套，没有吸引力。但山东景芝和甘肃金徽依然在重点终端酒店开展此活动，效果并没有因为其老套而打折扣。

砸金蛋活动之所以能引起消费者的兴趣，从众多的促销活动中脱颖而出，原因在于：

第一，砸金蛋的形式被消费者熟知。

第二，对很多消费者来说，砸金蛋意味着一种幸运、一种意外所得，对普通消费者仍然具有很大的吸引力，消费者更愿意亲手一试。

砸金蛋促销活动的优势

（1）促销活动本身将砸金蛋的趣味性和促销品的实用性有效结合，更加直接地和消费者实现互动，增强消费者购买的积极性。

（2）在活动过程中，直接向消费者推广产品和品牌的优势及卖点。

（3）提升在特定终端的销售，建立良好的客情关系，将其发展成核心终端网点。

（4）渠道和渠道之间形成联动，提升整体销售氛围。

砸金蛋促销活动开展渠道、场合、开展时间、日期（表33）

表33 砸金蛋促销活动开展渠道、场合、开展时间、日期

渠道	场合	开展时间	日期
核心酒店渠道	酒店大厅	11:30—13:00 17:30—19:30	每天
核心烟酒店渠道	店面门口	15:00—17:00	周末
核心商超渠道	品牌堆头处	10:00—17:00	周末

注：商家可以根据本地消费习性进行调整。

砸金蛋活动奖项设置及比例

不易设置过多的坎级奖励，一般以4个奖项最佳，即特等奖、一等奖、二等奖、三等奖，见表34。

表34 某品牌产品砸金蛋活动奖励政策（市场价格90元/瓶）

特等奖	奖励本品一件
一等奖	奖励本品两瓶
二等奖	加一元换购本品一瓶
三等奖	本品牌纪念工艺品一个
补充奖励	凡在本店消费并参加“砸金蛋，中大奖”活动的消费者，拍照并转发微信朋友圈，均可获得××品牌小酒一瓶

此政策的设置不仅仅是现场砸金蛋，还可以分享朋友圈领取奖品，更多的考虑推广宣传。笔者建议，针对砸金蛋奖励的设置，尽量以本品或者本品牌关联产品和促销品为主，这样既可以节省费用，又可以和消费者充分互动。关于砸金蛋的奖项设置，还可以定期进行更改和调换，进而使消费者增加新鲜感，提升多次购买、多次砸金蛋的可能性。

砸金蛋促销活动执行 6 步走

第一步：根据市场情况和产品发展阶段，明确砸金蛋促销活动的渠道选择，我建议以核心酒店作为活动地点。

第二步：明确活动开展时间和活动周期，中餐、晚餐黄金时间开展较佳。

第三步：根据活动产品的终端价格，制定合适的坎级奖励政策。笔者建议二等奖设置成为比例最大的奖项，一等奖、三等奖和特等奖中奖比例较小。切勿按照传统套路设置奖项比例，造成消费者购买仅中小奖的方案，从而影响活动效果。

第四步：活动现场做好终端氛围营造工作，比如海报、背景布、活动桌椅、服务人员主题服装等。笔者认为，砸金蛋活动重宣传、次销售，更多的是向消费者宣传品牌。

第五步：配备一个操作砸金蛋促销活动的队伍，一般为 3 ~ 4 人，不宜多也不宜少。前期尽量进行系统性的培训，可以清晰流利地向消费者阐述。

第六步：做好后续服务工作，在砸金蛋活动后一定要留下参加活动人员的信息便于回访。同时还要现场拍照片、发视频，作为活动宣传内容。

砸金蛋促销活动要点解析

要点一：砸金蛋活动是一个产品的推广活动，不可能单靠一个活动打开市场，达到提升销量的目的，而是要通过线上与线下渠道配合，将促销活动深度向消费者传播，不仅取得对促销活动的单点放大效果，有效吸引消费者更多的目光，还可以形成渠道和渠道之间的互动，达到全面推广品牌的目的。

要点二：所有奖项设置不能过于“小气”，扑克牌、钥匙扣、毛巾、打火机等“掉链子”奖品切勿设计，否则消费者只能将这些奖品层次和你的品牌联系起来，要做成“高大上”的活动。

要点三：在这一促销主题下，开展多种形式的产品推广活动，不仅在传统渠道开展，还可以在新品上市品鉴会、××区域老乡会、经销商会、订货会等以不同形式推出“喝××，砸金蛋”活动，都能起到不同程度的推进和传播作用。

要点四：在白酒促销方式多样的现状下，阶段性短期促销效果日渐下降，取而代之的是主题化的、可持续性的系统促销活动，即需要对促销活动进行主题整合和传播，从时间上考虑不同时期促销活动的连续性和一致性，才能将促销效果最大化。一定将砸金蛋促销活动做成长期的、稳定的活动。

要点五：所有合作的终端单位都要保持良好的客情关系，也可以和终端老板协商联合开展促销活动，共同执行品牌推广活动的奖励政策。

随着促销活动的展开，“砸金蛋”成了消费者谈论的话题和关注的焦点，活动可以调动经销商、业务员、促销员、服务员、烟酒店老板等各营销环节在内的推广积极性。这一活动也引来一些市场竞争对手的跟随和模仿，比如有的竞争对手也在酒店推出了大规模的砸金蛋活动，而且金蛋的个头更大，奖品也更实惠，以图借势。有的竞争对手则推出了以现金为促销点的各种活动。

笔者认为，砸金蛋卖酒的促销活动是一个整体的、系统的、持续的促销活动，像山东景芝、甘肃金徽一样，将这个活动做成自己在特定区域市场操作的标杆。

32. 手把手教你做白酒品鉴会

白酒品鉴会是白酒企业与消费者直接沟通的一种公关方式，对中高端产品的推广作用尤其明显，受诸多酒类企业的重视，已成为酒类企业常规营销活动之一。

品鉴会的成功不仅可以有效拉动区域市场的拓展，而且在品牌建设方面的作用也很有效。但是，在实际操作中，很多白酒企业由于经验不足或组织不力，加之后续的跟踪不专业，往往使品鉴会沦为“吃喝会”或者“文艺表演会”。耗费了很多资源，未能达到营销目标。品鉴会作为开拓市场的一部分、个性营销最突出的表现形式，属于低成本高产出的会议营销。

那么品鉴会该怎么实施？应该安排哪些活动？科学的流程是什么样的？后续如何跟进？因为品鉴会每个具体环节做得好坏都会直接影响会议的成败。笔者参加过大小品鉴会数百场，在这里与大家分享一下品鉴会操作的心得。

品鉴会时间选定

品鉴会时间可以选择在周五至周日 18:00—20:00，一般周末被邀请人员时间比较充足。

品鉴会准备工作

（1）主要邀请对象。

1）政府机关单位要员（不要以为政府单位很难公关，只是饮酒数量和档次有所降低，依然占据一定销量）。

2）核心烟酒店老板（主要以沟通客情或者铺市政策为主要目的，最好不要混合邀请）。

3）企事业单位公司领导（未来商务团购和企事业福利用酒的核心客户，最好以一个系统或者一个企业开展小型品鉴会）。

（2）邀请方式。

1）面对面口头邀请：由经销商或者烟酒店老板邀请其背后的团购资源，一般用于客情关系非常好的团购客户。

2）发送企业品鉴会邀请函：根据邀请对象发放邀请函，并注明宴会时间、地点，发放邀请函的同时，可以将品鉴会资料及现场活动的安排送达邀请对象手上。

3）电话、短信邀请：由企业区域经理或者经销商直接打电话或者发短信邀请核心客户，并说明品鉴会的具体时间、地点、参会人群等。

4）陌生拜访邀请：主要用于未开发的客户，通过品鉴会形式携带部分礼品陌生拜访，并邀请参加××品牌品鉴会。

无论任何一种邀请方式，品鉴会开始前两天，务必再次电话跟进，最终确定参会人员及数量，拟定出详细的参会人员名单，提前安排。

（3）酒店选定。

由企业和商家确立定点消费的酒店，根据产品的档次适当选择星级酒店、有特色的饭店或者农家乐。一则便于督查，二则便于订餐等，三则便于进场陈列展示和销售。笔者倾向于选择有特点的酒店，不一定要豪华和上档次，但是必须有不同于其他酒店的地方，这样参加品鉴会的客户才会印象深刻。

（4）物料准备。

1）产品展示：可以在品鉴会现场展示主销产品和本次品鉴产品箱体、盒体、瓶体形象。

2）条幅：将“热烈欢迎××单位领导参加××产品品鉴会”为主题的条幅，悬挂在品鉴会酒店的包厢内。

3）宣传手册（产品手册）：必须在现场餐桌上放置不低于座位数的宣传画册，因为很多客户到来后品鉴会还未开始，他们可以欣赏宣传画册，对产品有更深刻的印象。

4）品鉴酒。

5）宣传X展架。

6）宴会结束后的礼品。

品鉴会现场流程

（1）由主办人（经销商或者企业人员）宣布品鉴会开始，并向大家介绍每一个人，以示感谢大家的到来。

（2）由企业相关领导（区域经理）向大家介绍企业的发展、产品研发、产品历史、文化、工艺，一定要把产品的核心价值向客户表述清楚，最好前期有标准的产品介绍。

（3）品鉴中，要注意留意领导的性格、爱好及未满足的需求。

（4）品鉴中要逐一敬酒，对客人都要说几句“客套”话，展示公司的专业形象和对客户的尊重，不能仅仅是品酒。

（5）如果条件允许，可在品鉴会过程中穿插一些以“酒”为主题的演出，用于烘托气氛。

品鉴会会后服务跟进

第一步：二次电话跟进，询问邀请客户对产品的意见和建议。

第二步：建立客户档案表格，整理成档案库。

第三步：品鉴会上公关人员与目标客户建立初步联系。

第四步：品鉴会一周内回访目标客户，邀请其作为品牌品鉴顾问。

第五步：定期联系并赠送产品。

第六步：通过目标客户接触其周围的潜在消费群体，延伸潜在消费客户。

第七步：以目标客户为主体，邀请其周围的目标消费群体持续参加一桌式品鉴会。

第八步：建立初步团购关系，制订团购奖励计划。

第九步：加深目标客户周围潜在团购消费群体，建立团购关系。

第十步：持续对目标客户进行维护与发展。

当然品鉴会并不是想象的那么好开，也不一定会得到想象的结果。有时候经过全面搜集整理的目标客户聚到一起反而觉得无话可说，没有交流的主题，有时候反而会流失不少客户。

要在内容和形式上有所创新，要给新参与的嘉宾和老客户一个共同交流的话题。要详细地了解客户的喜好，特定的人群举行特定的品鉴会。比如喜欢钓鱼的就组织钓鱼品鉴会，喜欢打高尔夫的就组织高尔夫品鉴会、喜欢下棋的就可以组织棋友品鉴会。形式可以多样，但主题要统一，这样就没有隔阂，大家能很快进入角色，其间有形式多样的趣味活动和比赛，酒品相关的知识问答，效果自然会好。

这是我总结的品鉴会实战操作心得，其实品鉴会是利用体验式的会议营销实现中高端酒类品牌价值传递，从而占领消费市场。酒类企业通过品鉴会的方式，对细分市场中的意见领袖进行强力的公关，开发一部分忠诚度较高的消费群，在建立“口碑效应”的同时，团购队伍及时跟进并进行客户维护，实现对目标市场的突破。

33. 中低端白酒12大促销实战案例

面对市场激烈的竞争，如何让消费者在琳琅满目的产品中直接选择“你”，是很多企业和商家关注的问题。我们也会发现很多中低端白酒产品仅仅做到渠道层面，没有把握好消费者心理，虽陈列做得很好，可产品销售就是一般。那么中低端白酒如何在市场促销中取得一定的效果呢？

案例一：免品活动

新产品入市，由于产品或者品牌在市场的影响力不足、消费者认知度较低，企业希望快速建立品牌的影响力并引起消费者尝试购买的欲望，所以会专门制作一些小包装酒供消费者免费品尝，一般为125ml。为了建立意见消费群体，专门针对组织品鉴活动，赠送一些主推产品，一般一人赠送一瓶小瓶装酒。

实例：某品牌酒店免品活动。

活动对象：在酒店聚饮的消费者。

活动时间：××年××月××日—××年××月××日。

活动场所：选取的××家核心酒店（以有促销员的酒店为主）。

活动内容：活动期间，在酒店中由促销员负责，向前十桌消费者每桌赠送××产品小酒两瓶，通过促销员的介绍和终端宣传单页的发放，突出××产品独特的产地优势及白酒的独特口感。收集消费者对于××产品口感的意见，并填写消费者口感反馈卡。

适用产品：新产品入市不久。

推荐指数：★★★★

案例二：核心终端（酒店、烟酒店）互动抽奖、互动问答

抽奖促销就是利用公众消费过程中的侥幸获大利心理，设置中奖机会，利用抽奖的形式吸引消费者购买本产品。多由厂家统一制作抽奖卡放在抽奖箱内，或者利用电脑软件现场抽奖，目的是在终端售点开展现场促销活动，诱导消费者即兴购买和消费并现场兑现奖品的一种方式。抽奖促销的形式常见的有一次抽奖形式、多次抽奖、答题式抽奖、游戏式抽奖、连动抽奖等。

实例：某品牌酒店抽奖活动。

活动主题：畅饮××五星，得惊喜大礼！

活动目的：开展消费者终端促销，刺激终端目标群体以达到快速消费、提高产品知名度的目的。

活动时间：××年××月××日—××年××月××日。

活动酒店：指定酒店。

活动形式：消费者只要在指定酒店由促销员推荐并消费一瓶××五星产品，就可获得由促销员发放的刮刮卡一张，现刮现得。

奖项设置：

一等奖××名，××五星一件（价值××元）。

二等奖××名，200 元手机充值卡（价值××元）。

三等奖××名，100 元手机充值卡（价值××元）。

此活动在第一时间提高了消费者与促销活动的互动性，可以短时间内提高消费者关注度，加深消费者对产品的记忆。尤其是奖项设置方面，不可太“掉链子”。

适用产品：新产品入市，老产品二次提升。

推荐指数：★★★★★

案例三：盒内（盖内）设奖

盒内奖、盖内奖是白酒促销常见的消费者拉动方式，是消费者拉力的体现，如图 18 所示。刮奖卡上列明奖项设置，消费者通过刮开涂层即可得知自己是否中奖及中了几等奖。奖项设置常包括酒票、烟、现金、美元、贵金属制品、精美纪念品、生活用品等，形式多种多样。做刮刮卡的促销同样要进行消费者活动告知和市场监察督导，防止终端截留促销品。同时要注意利用大奖引爆和 100% 中奖率，使得消费者持续关注，形成促销热点。

图 18 刮奖卡

盒内实物投奖时要注意做好市场监督，防止奖品被终端截留。同时奖品的选择也要多样化、能很好地吸引消费者，注意不能放置容易过期或易碎的实物，避免因奖品损坏而影响消费者对白酒品牌的认知。

适用产品：老产品刺激消费。

推荐指数：★★★★★

案例四：无限套中奖促销

无限套的促销形式是指，在单次购买或单瓶产品有奖的基础上额外通过累计的方式促使消费者反复多次购买。在白酒行业中，连环套的促销方式有空瓶（空盒）换酒，即集满一定数额的空瓶可以兑换一瓶原品或其他指定奖品；或者集卡兑换（二次兑奖），集齐指定数量或指定类型的卡片即可兑换礼品或原品。

适用产品：光瓶低端白酒。

推荐指数：★★★★★

案例五：捆绑促销

捆绑销售多用于婚寿喜宴市场，以白酒为主导，将相关联产品“捆绑”销售，将价格感较强的商品作为捆绑对象，从而刺激消费者“捆绑”购买。案例见表35。

表35　某名酒系列婚宴捆绑销售政策

购买数量	金额	促销政策
10箱	5280元	赠品1：价值800元金牌司仪一名，全程服务 赠品2：价值440元软玉溪香烟20包 赠品3：价值1000元××品牌高档婚车一辆供新人当天使用

续表

购买数量	金额	促销政策
20箱	10560元	赠品1：价值800元金牌司仪一名，全程服务 赠品2：价值880元软玉溪香烟40包 赠品3：价值560元2L百事可乐70瓶 赠品4：价值2000元××品牌高档婚车两辆供新人当天使用
10箱	4080元	赠品1：价值800元金牌司仪一名，全程服务 赠品2：价值280元2L百事可乐20瓶 赠品3：价值1000元××品牌高档婚车一辆供新人当天使用
20箱	8160元	赠品1：价值800元金牌司仪一名，全程服务 赠品2：价值1000元全程录像一套 赠品3：价值1000元××品牌高档婚车一辆供新人当天使用

适用产品：盒装酒、婚宴市场。

推荐指数：★★★★★

案例六：买赠促销

买赠促销是白酒促销最常见的一种形式，无论是新产品上市还是老产品刺激提升，均是比较有效的方式。主要以搭赠礼品、搭赠小酒、搭赠香烟、买一赠一等方式刺激消费者。如图19所示。

适用产品：所有中低端产品。

推荐指数：★★★★★

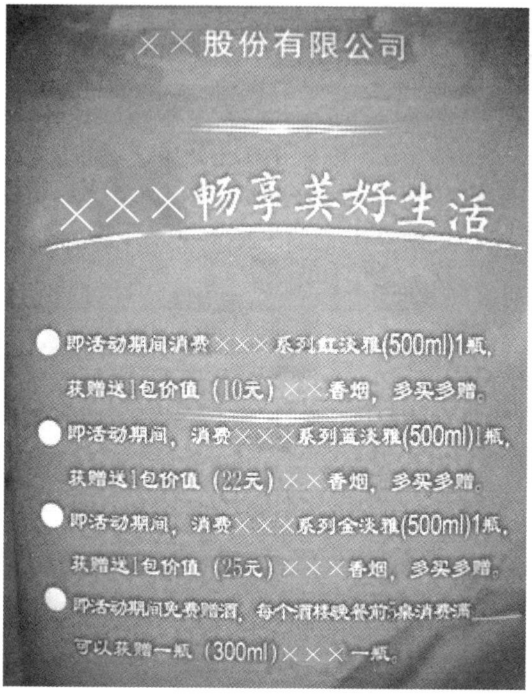

图 19　买赠促销

案例七：跨界（联合）促销

跨界（联合）促销主要是指整合公司以外的资源开展联合促销，目前市场比较盛行联合酒店开展促销，联合电器城开展促销，联合商超连锁店、手机城、电信公司开展促销等。比如在某酒店消费××产品一瓶，酒店餐费可以打 9 折；消费三瓶以上，餐费可以打 8 折；在三个月之内消费满 10 瓶，酒店可为该消费者发放银卡一张，长期享受 8.5 折优惠等。

适用产品：具备一定知名度的产品。

推荐指数：★★★★

案例六：兑奖券、积分、海报贴促销

兑奖券、积分、海报贴促销其实是代金券的一种促销形式，企业或者商家印制一批彩色的兑奖小票，说明活动的截止时间、活动的产品、买赠的方式、参与的售点，如图 20 所示。消费者凭此小票就可到终端活动售点进行“买一赠一”，或者“直抵现金”，或者免费获赠两瓶酒。厂家根据售点的小票收集数量进行统一兑现。

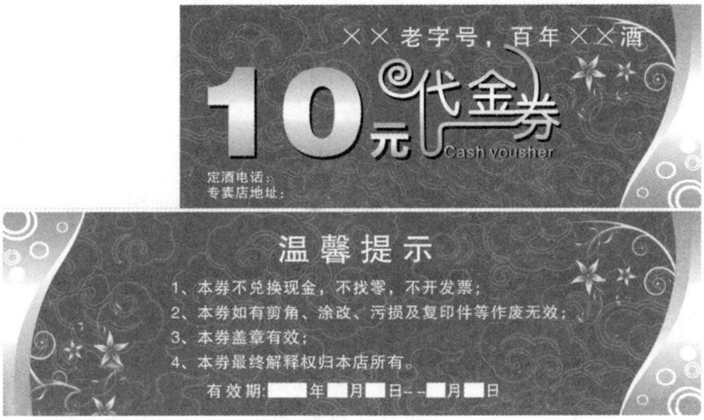

图 20　代金券

案例九：VIP 会员俱乐部、钻石会员

会员制度一直是各个行业追捧的营销模式，是商家通过聚拢一批有相同爱好或者需求的消费者的一种运营模式。作为白酒产品可以通过会员制的营销方法，凝聚消费者的消费潜力，扩大自己品牌的影响力。目前比较盛行的是企业会员制度，享受企业的

VIP 会员待遇，包括产品销售、定制酒开发、封坛酒收藏、回厂旅游等。会员卡如图 21 所示 。

适用产品：知名度较高的产品。

推荐指数：★★★★

图 21　会员卡

案例十：增值服务、间接促销

白酒营销的增值服务主要是指在白酒销售之外，给客户提供额外的增值服务，实现销量提升的方式和手段。比如为核心客户提供日常市场资讯服务、生活服务，或者消费者可以到指定的店面免费充电、免费饮水、免费看报等。在本店铺购买酒品还可以享受折扣优惠，提升在消费者心目中的品牌形象。

适用产品：知名度较高的产品、市场销售较好的产品。

推荐指数：★★★★

案例十一：主题性促销

主题性促销一般指企业或者商家借助一个“噱头”或者热点开展主题促销活动，并在一个特定的市场坚持下去，将其塑造为“流行性促销活动”，刺激消费者的消费热情。因为无论是消费者、经销商还是媒体，都会对热点的东西产生高度的消费信任并竞相追捧，主题性促销信息经由消费者之间相互渗透，有利于口碑传播，促使品牌越来越热，形成良性消费循环。如图 22 所示 。

适用产品：所有中低端产品。

推荐指数：★★★★★

图 22　砸金蛋主题活动

案例十二：体验式促销

企业可以邀请部分重点客户、消费者参观酒厂生产线或企业有特色的经营场所，以旅游的方式使消费者体验到产品或品牌的特征和价值。让他们亲身感受到酒厂的厚重企业文化，感受到企业对他们的重视，拉近他们与企业的距离。通过这种体验式促销，势必会增强消费者对该白酒品牌的信任度，同时他们也会成为品牌的活广告，整个品牌形象就会逐步建立起来。

适用产品：酒厂具备参观性的品牌。

推荐指数：★★★★★

笔者认为，促销是一套组合拳，不仅仅是一个政策或者一个活动，从促销活动政策的制定到活动执行再到后期跟踪都需要系统的内容和人去执行，都需要详细的规划。

注：图片均来源于网络。

34. 白酒淡季，商家“三大必胜秘籍”

动销是白酒销售最重要的一环，是否把控好这个环节将意味着你是否可以在这个市场占据一定的位置。

面对炎热的天气，走在熟悉的街道，看着一个个“烤肉摊”生意火爆，两个人就可以喝下一打啤酒的时候，很多白酒商家都会说一句：“唉，天气热了，喝啤酒的人多了，白酒淡季来了。”业务员去铺货的时候，终端老板会说：“现在喝白酒的人少了，喝啤酒的人多了，不想压太多货了。”这无疑为白酒行业调整的增加了一定的难度，很多商家会选择“忍气吞声”，只有一些不认输且积极调整营销策略、寻找销量突破的白酒商家才能杀出一条血路。笔者对华北多家商家进行访谈和走访一线市场，总结了白酒淡季，商家应该着重做的三个方面工作，希望对迷茫的商家有一定的帮助。

渠道梳理、重点客户、重点关注、背后资源、积极挖掘

随着白酒淡季来临，你会发现终端店要货少了，分销商进货少了。但是还有几个终端店和终端商进货和销售没有受到太大的影响，毋庸置疑，他们背后必定有白酒消费的核心客户。你要对这些终端店和客户进行梳理，建立“淡季重点关注客户档案表”，

见表36。

表36　淡季重点关注客户档案

客户名称	近期销量较好的产品	货物主要流向	客户核心需求	备注
××烟酒行	×××水晶淡雅	“五一”婚宴用酒	婚宴现场广告物料	客情关系需要重点维护
××乡镇分销商	×××仿陶红淡雅	婚宴、××企业团购、××淀粉厂福利用酒	×××主题促销物料	目前竞品市场表现良好，需要平台商重点关注
……	……	……	……	……

建立“淡季重点关注客户档案”的主要目的是将商家的主要精力和资源重点投放在重点客户和重点市场。笔者建议选择10%的有效终端店作为重点店关注，选择10%的分销客户作为重点客户关注，由商家老板或者总经理亲自筛选和选定（在白酒销售淡季，客户一定要放下身段，深入一线市场，每天听取业务员汇报，了解市场行情）。

商家老板或者总经理需要拜访选定的终端店和分销商客户，首先做好客情关系的沟通，告知客户被选择××品牌运营商的重点客户，从客户的内心给予一定的认可，让客户感觉你重视他。其次，了解客户近期销售状况、运营建议、客户需求，在不违背整体发展规划的前提下可以额外追加的投入应适当进行投入，并且整理客户背后资源的详细信息（如果条件允许，可以对其进行拜访）。最后，对重点客户有一定了解后，针对每个客户制订一份详细的“××客户辅助销售方案”，比如重点客户安排专职促销员、赞助××烟酒行开业5周年店庆、核心分销商配备半个月“5人铺货突击小分队”。每一个商家可以制订不同的辅助销售方案，凡是不违背市场运营原则和整体发展规划的行为均可执行，因为白酒淡季还可以帮助你卖酒，还能重点打造品牌的客户，这些人你不得不培养。

梳理产品线，稳定价格，管理窜货，捆绑销售，提升销量

“淡季做市场、旺季做销量”已经成为白酒行业的标志性口号。这时候是商家管控市场、梳理产品线的最佳时机。

首先，逐一分析自己经营的产品，将自己的产品分为四类：形象产品、利润产品、起量产品、滞销产品。形象产品做品牌、利润产品做销量、起量产品做渠道、滞销产品做促销。

其次，稳定价格。管理窜货也是白酒淡季商家重点关注问题之一，价格是产品得以持续发展的生命线，笔者建议商家采取全控价模式，直营市场和分销市场均需严格管控。对于不按照商家指导价格体系的终端或者分销商要抽时间逐一进行拜访，和客户深入沟通，要求按照商家的指导价格销售。

最后，捆绑销售。捆绑销售是白酒淡季提升销量最简单、最有效的一种促销形式。笔者在一线走访市场时发现，白酒淡季捆绑促销的产品以啤酒、冷饮居多，并且效果很好。比如“进货××产品三箱，每箱价格168元，赠送啤酒一包”，并且三个啤酒瓶还可以兑换一瓶啤酒。这个活动在市场形成非常好的氛围，无论是终端店还是消费者都乐意接受。除此之外，端午节即将来临时，还可以和一些速冻食品（粽子）的企业进行联合促销，彼此

控制好费投比例，共同提升销量。

基础工作，全面开展，业务团队，加强培训，提升技能

白酒的基础工作有很多，比如终端客户档案的建立、广告物料的管理、终端陈列的管理等，笔者认为白酒销售淡季，商家不仅要把基础工作做好，还要做出亮点。以下是笔者根据多年市场经验总结的白酒终端陈列十大原则，希望对白酒商家的陈列工作有一定的帮助。

（1）显而易见原则。

（2）最大化陈列原则。

（3）垂直集中陈列原则。

（4）下低上高原则。

（5）全品项原则。

（6）堆头规范原则。

（7）价格醒目原则。

（8）重点突出原则。

（9）统一性原则。

（10）整洁性原则。

陈列工作是最简单也是最枯燥的工作，每次笔者走访市场，都会先看产品的整体陈列形象，然后看价格是否醒目，最后看产品是否干净。从这几点就可以看出业务员的基础工作是否到位，所以商家在白酒淡季一定要要求自己的业务员做扎实基础工作。

加强业务员的学习，安排专业培训是商家在白酒销售淡季应该做的工作。笔者建议，最好聘请一些专业公司或者老师培训，

主要以市场实战、团队管理、酒水知识、终端操作、客情维护等方面为主。同时可安排企业高层对业务员进行培训，近距离指导业务员。

上述是笔者对白酒销售淡季商家应对策略的认识，希望对从事白酒的商家有一定的帮助。商家不要认为淡季没什么事情可做，其实淡季是为旺季打基础的黄金阶段，可以好好地梳理一下市场问题和规划旺季的营销策略。

35. 白酒淡季销量提升 4 大案例

白酒行业不景气，市场环境恶劣、品牌竞争激烈、商家利润薄弱、白酒淡季来临等问题，直接冲击着每一位酒水商家。面对如此状况，我们如何在逆境中求生存，如何在淡季中寻销量呢?

案例一：特定人群，特定场合，特定活动，特定宣传，系统营销

河北某产品县级经销商是“90 后”年轻一族，主要接管父辈留下的酒水生意，掌控本区域 90% 以上的终端网络。2014 年年营业额相比 2013 年增长约 15%，在 2013 年下半年传统渠道销售受到严重影响的情况下，毅然将重点转移至消费者营销。由于经销商本人爱好足球运动，并且不定期参加业余足球赛，因此经销商特意邀请经常踢球的“足友”建立“××（白酒品牌名称）足球队”，以其名义参加在本区域组织的足球比赛活动。由于此活动在本区域关注度高、影响面大，产品在淡季也能保证一定的销量。后续多个品牌企业依次效仿，均取得一定的效果。

活动关键点：

（1）此活动主要把白酒品牌和体育运动相结合，面对社会的压力，体育活动成为人们生活的必要部分，有效结合才能取得好

的效果。

（2）此活动商家仅承担了部分队员的服装费用和聚餐的饮酒费用，费用低、宣传效果好。

（3）被“赞助”的球员逐渐变成此品牌的忠实消费者，同时变成此品牌的产品及品牌宣传载体，如遇亲朋好友聚餐、婚丧嫁娶、日常宴会必定成为第一推荐对象。

（4）产品和品牌和消费者面对面，部分消费者从不知到深知，形成良好的产品氛围。

案例二：免费品鉴社区行，产品优势广告知

社区活动是社区营销的基本形式，也是白酒营销较为“接地气”的活动。社区活动是指白酒经销商在目标消费群体集中的社区开展一系列市场营销活动，并以此达到与消费者进行有效沟通，进而实现销量增长及消费者价值持续开发的目标。社区活动可以让消费者与产品进行近距离接触，是一种很好的品牌宣传方式，具有针对性、准确性、深入性。

河北某区域泸州老窖××品牌经销商，在2014年3月—10月在本区域内陆续开展社区活动40场，仅社区活动直接销售额50万元，全年销售额600万元，在行业环境严峻的情况下实现逆势增长。

首先，经销商对本区域内社区进行详细调查，建立档案，详细了解各个社区的人口规模、消费水平、主流人群、年龄结构、居民的作息时间等详细信息，再根据搜集信息的基本情况，定位和经营产品消费相匹配的社区，制订社区活动开展计划，陆续和相关部门沟通协商。

其次，由于现在部分社区物业或者居民委员会比较抵触商家开展的商业活动，经销商可巧妙地采取支援人力、物力和财力的方式，和小区公益活动相结合，比如广场舞比赛、体育活动、老人健康普查、趣味家庭游戏大赛、千部抗战电影进社区、公益性拍卖等活动。给予一定的服装费用、场地费用、广告物料费用等，从而争取产品在小区内的宣传、展示、销售。

最后，制定操作性、可执行性很强的方案。活动和品牌有效结合，现场氛围营造、产品展示、产品品鉴、促销活动介绍、婚宴政策、现场销售等内容等进行详细“部署”，不仅现场取得销售成果，并且使产品直接面向消费者，提升在消费者心目中的品牌地位。

活动关键点：

（1）活动切勿太“赤裸裸”，最好和公益活动、体育活动相结合，借势传播。

（2）活动要精益求精，每一个细节问题都要考虑到位。因为活动的成败直接影响品牌在本社区和附近终端的销售，故应尽可能做到尽善尽美。

（3）销售终端联动。由于社区营销活动所产生的大部分销量最终将在社区周边的销售终端实现，所以在经销商开展社区活动的同时，可以和周边终端联合开展活动。比如在活动结束后，在社区活动周边的终端店门口按照标准堆放产品堆头，同时在店内外张贴海报、KT板等宣传物料，每日安排业务员进行维护。进行堆头造势时，要注意售点陈列要生动化、产品包装要保持清新、促销品与产品同时摆放。

（4）按照活动实施方案，所有参加人员必须在活动开始之前进行“实战演习”，不可在活动中出现任何差错。

案例三：刮奖、抽奖、多奖刺激消费者

湖北某大商在2014年采取“对赌刮奖”形式开展促销活动，区别于传统刮奖形式，受到消费者的追捧，销量获得大幅度提升。

（1）刮奖主题：喝××产品，赢4999元现金大奖。

（2）奖卡说明：印制刮奖卡张贴在产品酒盒上，刮奖区共分为两部分：刮奖区和密码区。刮奖区分为4小部分，千位刮奖区、百位刮奖区、十位刮奖区、个位刮奖区，每个刮奖区都有0~9的数字或者马的图案。其中，密码区不允许刮开，否则中奖无效。

（3）刮奖规则说明：先从个位刮奖区刮起，如果出现1~9任何一个数字，即可兑换相同金额的奖金。可以放弃刮开更高位数，也可选择继续刮奖，如果刮开十位区继续出现1~9任何一个数字，即可获得同等数额的奖金，如果出现××产品酒瓶的图案，刮奖终止，奖票视为未中奖，以此类推。

（4）兑奖说明：金额在99元以下（包含99元）的奖票在终端店兑奖，金额在99元以上的奖票需要到当地经销商处兑奖。

（5）促销活动前期准备：印制奖卡、张贴奖卡、测算投入比例、广告物料制作、线下媒体宣传等。

活动关键点：

此活动主要提升了消费者参与的积极性，并且有“冒险”的心态进行刮奖。经销商也可以在酒盒放置刮刮卡，奖品可为再来一瓶、烟、现金、美元、电子产品、贵金属制品、精美纪念品、旅游产品等，形式多种多样。针对消费者有奖销售一定要注意利用大奖引爆和100%中奖率，使得消费者持续关注，形成促销热

点，才能保证整个淡季销售的热点性与持续性。

销售现场有奖销售活动，这种活动多在酒店操作，如幸运大抽奖、砸金蛋、转轮盘等活动。河北味道府在夏季开展的“幸运一把抓”就是一个不错的抽奖促销活动，它将福利彩票搬进酒店。一是消费者现场参与感强；二是透明度高，消费者完全凭运气参与抽奖。让消费者在享受美酒的同时，感受中奖的激情。

案例四：婚宴、寿宴、升学宴大礼包，组合套装

在5月至10月的淡季市场中，恰恰有两个集体消费的高峰点——婚宴市场与升学宴市场。如果做好了婚宴消费和升学宴消费，不仅能够带来巨大的产品销量，对于品牌的快速崛起也能起到很强的引领作用。其实很多商家都在开展类似的活动，可是效果一般，不尽如人意。下面是湖南某县级经销商针对淡季开展的婚宴、寿宴、升学宴活动，效果较为显著。

此经销商为当地弱势商家，经营产品也为弱势品牌，即使采取一定的促销手段也很难打动消费者。经销商经过多番思考，在婚宴市场采取“大礼包套餐”形式开展活动，把单箱价格直线提升60元，但在婚宴渠道采取买一箱赠送价值100元产品的形式，包括饮料、香烟、槟榔、黑妞豆奶等产品，让消费者更直观地接触到促销政策。成立专职婚宴团队，搜集婚宴信息直接带着酒到办事人家里，让主家品尝并告知促销政策，并且在不成功的前提下拜访不低于10次。经销商连续五个月在某个地方攻克近百场婚宴用酒。

在升学宴、谢师宴开展以“情系学子，爱动××”为主题的营销活动。前期在考点附近设立专门的“爱心四角棚”，对考生

及考生家长免费赠送含有促销内容的宣传扇、矿泉水、解暑药、2B 铅笔等物品。考试结束后，考生凭准考证领取一张 ××酒感恩贺卡，写出几句简短的感谢父母的话，比如“爸妈，辛苦了，谢谢你们”，然后连同品鉴酒一起送给父母，拍照留念。同时，联合酒店、商超、烟酒店、批发客户、团购客户等做谢师宴促销活动，在这些终端销售网点悬挂条幅、张贴海报、摆放 X 展架等。想办谢师宴的消费者，基本上能够被该品牌简单、规模宏大的推广形式吸引，进而消费。

活动关键点：

（1）政策具有很大的吸引力，让消费者有“占便宜”的感觉。

（2）专职的服务团队，前期、中期、后期都标准化操作，并且人员个个“英勇善战”。

（3）信息搜集占据了团队的很多精力，没有信息来源，什么政策都是苍白无力的。

在淡季，只有您有“不淡”的心态，市场到处都销售的机会。有的白酒企业在淡季充分利用专职、兼职团购人员开发团购客户、会议用酒、生日宴用酒、老乡会用酒、协会聚会用酒等，以及要求销售人员协助烟酒店、超市开发团购客户，都能带来不菲的销量，而且在市场上的表现也很活跃，间接刺激着终端网点销售走量。

其实很多活动都是商家或者企业经常开展的活动，但效果各不相同。一旦做了没效果就没用，这种思想完全是错误的。任何一个招数使用到极致就是绝招，只能说明还需要结合市场、分析市场，找出销量的突破点和提升点。

36. 白酒还可以这么卖

针对产品“只铺不动”“只促不卖”，资源也投入了，钱也花了，就是没效果的问题，笔者通过市场走访，总结了几种有特点的动销案例供大家参考。

案例一：和电器城、手机城合作，买酒送同价位产品

严总是江苏某名酒开发产品的代理商，也是“高暴利”产品的追求者。不过现在产品价格体系较为透明，行业调整，竞品挤压，销量没有前些年好。严总和其销售总经理亲自到市场调研，不是调研白酒而是调研现在的消费者需求是什么。经过调研发现，目前消费者需求较大的是苹果手机和家用电器，并且价值感略高。严总通过个人的关系网络和 4 家电器城、6 家手机专卖店达成协议，开展联合促销。

促销一：凡购买 4000 元某品牌产品，赠送 4000 元家用电器（××电器城任意选）。

此活动是和电器城联合开展，印制宣传单在附近小区或者商业楼发放，制作 X 展架放在有此产品陈列的店面。直接给消费者带来冲击感，凡是对于“刚性”电器有需求的消费者肯定会为之所震，对要结婚的新人来说更是一举两得。

兑付形式：在某终端购酒后，直接获赠一张××电器城和××白酒品牌合作的价值4000元代金卡，直接冲抵现金使用，可任意购买本商场电器。

电器城和××白酒商家兑付：严总只需要兑付40%现金+60%此产品团购价格的产品。

活动优点：消费者直接获利，反正都需要买电器，还可以获赠酒水；电器城提高了知名度，拉动消费者消费（消费者不只是购买4000元电器），酒水可以用于自我消费者和下游商家返利、奖励。

促销二：凡购买8888元某知名品牌高端酒产品，直接赠送价值6588元手机一部。

此活动主要用于高端酒促销，印制宣传单在附近小区或者商业楼、学校周边发放，制作X展架放在有此产品陈列的店面。消费者对于智能手机的需求属于“疯狂追星”式的需求，此活动直接抓住消费者的核心需求点，联合手机城开展促销活动。

兑付形式：在某终端购酒后，直接获赠智能手机一部。

手机城和××白酒商家兑付：严总只需要按照本手机九折的价格，兑付80%现金+20%此产品团购价格的产品。同时白酒商家承诺购买20部智能手机，用于招商、员工奖励和商家销量奖励。

活动优点：白酒商家和手机专卖店均拿出利润联合促销，共同吸引消费者，最后促进销售。

案例二：“医院产科护士”“社会专业催奶师”推荐满月酒

生子宴满月酒无疑是白酒细分市场消费的核心市场。河北某白酒产品代理商，在2015年上半年在本县城满月酒消费达上百场，销售额约 60 万元。笔者通过对商家的访谈，特总结三个核心工作。

首先，通过爱人在医疗系统的特殊关系，代理商在其县城 5 家医院、乡镇 14 家医院妇产科均发展一位护士作为“××品牌代言人”，开展此项工作（不要发展主治医师或者主任领导级别人士，他们看不上这些小钱，护士一般收入低，更重视这项收入）。在日常护理过程中，护士可直接和家属拉近关系，并不时提到针对满月酒的问题。待时机成熟以后或者即将出院的时候，向家属推荐产品或者发放一张宣传单页。如医院有此项禁止条例，可口头传播。同时把目标客户相关信息发送给商家，由其安排专职人员开展公关工作，达成销售，即可获得一定的奖励。对护士来说，工作简单，赚钱轻松。

其次，商家亲自走访本县城较为著名的“社会专业催奶师”，此项职业一般是在产妇出院后提供的催奶服务。她们接触的人群和白酒满月酒消费者人群部分重叠，在接触这些人的同时，间接推荐白酒产品。如果成功达成交易，即可获得一定的奖励。

最后，商家成立专业的团队操作此项业务，同时制定有吸引力的政策，比如联合影楼拍摄百天照、联合酒店生子宴联合促销等，以生子宴消费小盘带动整体消费大盘。

案例三：二手房中介、装修公司，玩转“乔迁之喜”白酒消费

房产中介、装修公司、装修队貌似是和白酒无任何关联的行业，不可能有任何销售的切合点，但就有商家通过精耕细作取得了一定的成效。贵州某县级白酒代理商，以前就从事装修生意，

后来转行做白酒代理。在做装修的过程中结识了很多同行业的人，比如装修队、家装材料市场人员等。在其从事白酒生意以后并没有丢下那些资源，而是开展联合促销。他知道很多装修房子的人都需要宴请宾朋庆祝乔迁之喜。

首先，他联合以前圈子的装修公司，凡在本装修公司预定装修，直接获赠价值2000元的酒水，并且印制大量的宣传单在新小区附近发放，效果非常明显。很多户主因为2000元酒水而来，因为他们感觉占了“便宜”，并且也需要装修公司装修。而装修公司仅仅需要按照团购价格和本商家结算，商家卖酒、消费者得到实惠、装修公司招来生意，三方获利。

其次，发展部分装修队、二手房中介、新楼盘销售人员作为团购代言人，让他们提供一些有价值的信息，商家安排专职人员电话回访或者登门拜访，虽然达成率不高，但是也有一定的成交量。

上述是笔者为大家介绍的几种不同的白酒促销方式，不一定适合每位酒水商家，但希望可以抛砖引玉。不可能因为一篇文章，酒水商家就能提升销量，需要商家结合自身能力和资源找到可以带来销售的方式和方法。

37. 10 大动销实战案例告诉你逆境中如何干

本文主要为经销商和市场服务人员提供大流通产品动销解决方案或者思路，希望对依然坚守的商家有一定的帮助。

案例一：买保险、公关人、拉团购

某一线名酒（中档产品）平台商非常重视团购渠道，并且团购渠道也取得了很好的效果。此平台商主要利用一种方式获取双份资源，再最大化利用资源。首先，平台商在保险公司购买 15 万元的保险，用这种方式作为桥梁，目的是接触保险销售人员和一些保险高端购买人员，用一种方式获取两种人员的资源。他们对保险销售人员进行公关，用高提成、高回报使他们为品牌服务，并且不定期对他们进行产品、业务等方面的培训，让他们在做保险的同时推销白酒，这样他们可以做一份工作收获双份的回报，一些保险销售人员还是非常乐意做的（前提是保密工作一定要做到位）。接触保险高端购买人群主要是为发展公关团购渠道，主动接触、主动公关高端人群，向他们介绍自己的产品和品牌，最终达成销售的目的。

案例二：党政军、见家属、谈利益、拉团购

某区域型白酒经销商利用现有资源，让每位业务员提供自己手中的党政军家属的资料，其实就是具有团购潜力的目标客户。资料收集完以后，由公关人员利用恰当时机与客户交谈，向其阐述经营产品的品质、价格、品牌优势等，并且在利润回报方面给予较大的力度，最终达到销售的目的。

案例三：业务能力强、促销力度大、销量稳步升

湖北十堰某酒水运营商主要的渠道是商超渠道，并且占据公司整体销量的大部分。经过深入走访调研，寻找其中的亮点，发现在十堰市场每家大型商超都配有平台商自己的专职促销员。在交谈过程中，笔者发现在业务能力、产品知识、细心程度等方面，很多市场促销员不能与之相提并论。他们甚至会把竞品的促销信息和本品牌产品的促销力度进行对比，善于挖掘本产品促销中的闪光点，从而将竞品的目标消费客户群“撬”过来，最终达成销售的目的。一个店面的促销员不仅要知道自己的优势还要知道对手的劣势，在一对一的推广过程中，告诉客户如何选择、为什么选择我们的产品。

案例四：所有资源做婚宴、团购

湖南益阳某平台商业务员比较多，在笔者对其访谈的过程中，他说自己用的是“人海战术”，就是通过业务员的交际面，

操作业务员身边的婚宴和团购市场。业务员的亲朋好友结婚或者送礼等，业务员了解这些信息的同时，积极对这些人群进行公关，向他们介绍平台商主导产品的优势，最后达成销售的目的。如果说感觉自己的公关能力差，或者达成销售艰难，业务员可以将信息提供给公司。公司会指派业务能力比较强的业务员，根据提供的信息对客户进行公关，最终达成销售。当然，在销售完成以后，每个“功臣”都会根据公司的规定得到自己应该得到的那份回报。

案例五：渠道商一份婚宴信息，就收获一份利润

湖南长沙某运营商是长沙运营酒水的早期经销商，笔者在和他交流时发现，从2012年下半年开始，他对渠道投入开始转变，在普通的铺货、卖货的同时，帮助终端客户增加利润。他的80%的销量都来源于婚宴市场，主要原因是他善于利用手中的渠道商资源，再加上自己的婚宴服务，在婚宴市场上形成一种“不用××产品做婚宴就是没面子”的氛围。

首先，运营商制定婚宴促销政策，赠饮料、赠啤酒、赠槟榔等，利用各种方法让消费者得知这些信息。

其次，运营商专门为渠道商制定政策，如果渠道商利用自己的交际人群向运营商提供婚宴信息，公关可由运营商业务员操作，最后达成销售的目的，运营商就会根据政策向渠道商汇报。婚宴现场除赠品外，还提供拱门等物品，但是在现场必须简单的对所选产品的品牌进行宣传。这个举措使该品牌风靡长沙婚宴市场，激起渠道商的热情，这种类似“不劳而获”的行为，相信每个渠道商都会为之心动。

案例六："村长效应"做婚宴，渠道直接下沉到农村

市区或者县区婚宴市场都是经销商和企业必争的板块，可是农村婚宴市场还比较差，竞争也不太激烈。

第一，没有农村婚宴的一手信息（人员不到位或者没有专门人负责这方面的信息搜集）。

第二，没有明确的农村婚宴市场政策。

第三，缺乏对农村婚宴市场的重视。

基于这些原因，山东某中低端酒运营商剑走偏锋，开始在本区域 173 个农村开展"村长工程"，笔者把这个营销模式称为"村长效应"。"村长效应"主要是利用各个农村的村长做婚宴，由村长提供自己村庄的近期婚宴信息，再由运营商人员或者二级批发商直接对其公关。同时，根据每个市场的具体情况制定政策，如果达成销售，村长可以获得什么样的回报。一般在农村赠送几箱酒就可以了，没必要进行现金方面的公关。

案例七："点到面效应"做品牌、团购

"点到面效应"是笔者在以前的市场调研过程中，发现的一种经营模式。这种模式是由二级批发商根据目标产品的购买人群进行分析，找出购买这个产品最多的人，还有就是在自己市场上喝酒比较多的普通人，将这些人名单汇报给运营商。然后，运营商根据人数情况，在二级批发商市场选择餐饮店举办品鉴会活动。第一个目的是给产品的主要消费者做客情；第二个目的是让经常喝酒的人了解自己的产品，在以后的喝酒过程中加

深品牌认知；第三个目的是现场进行团购销售。我们在很多市场上都运用过这种方法，对前期、中期做市场都起到了促进作用。

案例八：适应潮流的消费者促销，吸引人的眼球

消费者促销一直是酒企或者经销商常用的营销手段，表37是笔者总结的消费者促销活动的内容。

表37　消费者促销活动的内容

序号	促销形式	内容	备注
1	空瓶兑本品	5个××产品空瓶可兑换本品一瓶	要求空瓶完好无损，破坏无效
2	兑换彩票	购买××产品两瓶即赠送福彩双色球彩票一张	在一些烟酒店门口悬挂宣传条幅，在前期与彩票站协商到位
3	购买整箱赠送高档养生水杯	凡在指定烟酒店购买××产品一箱即赠送高档水杯一个	赠品档次不宜过低，并且店内宣传物料要到位
4	一次性购买大量等级产品	一次性购买××产品三星一件赠送茶具一套 一次性购买××产品四星一件赠送电水壶一个 一次性购买××产品五星一件赠送折叠自行车一辆	其他赠品推荐 品鉴酒 电饼铛、电饭煲等 雨伞、钱包等 超市购物卡、抵金券等

案例九：核心酒店开展免费品尝活动

在酒店举办产品免费品尝活动，以此增加消费者的认知度，从而建立起产品的口碑。在活动期间由促销员负责，向消费者赠送××产品，通过促销员的介绍和终端宣传单页的发放，突出××产品独特的产地优势，以及白酒的独特口感。收集消费者对产品口感的意见，并填写消费者口感反馈卡。注意赠送对象的筛选，一般应当选取消费本产品的消费者进行赠送，或两三人送一瓶，或七八人送两瓶。一般大店每天赠送产品不超过两箱，小店每天赠送产品不超过一箱。在品尝结束后留下消费者的联系方式和建议，同时由促销员填写反馈卡。免费品尝是促销推广活动中最原始的，也是行之有效的方法。此活动可以第一时间让消费者感受产品品质，建立品牌美誉度，提升销量。

案例十：重拳出击、震撼全城——喝××中大奖，现代汽车开回家

采取盒内奖随量投入刮奖卡方式，消费者购买××系列产品即可有机会通过盒内刮奖获得相应的奖项。

奖卡投放方式：采用刮刮卡投奖形式。

内容：凡是刮奖卡显示××产品图案即可参加抽取汽车大奖，为防止客户打开包装取奖卡，计划将奖卡设计成较薄的不干胶刮卡，贴于瓶口后再上瓶颈卡扣。选一个特定的日子，在本区域大型广场进行现场抽奖，并在现场直接发放汽车。

此活动在第一时间提高了消费者与促销活动的互动性，可以

短时间内提高消费者的关注度，加深消费者对产品的记忆。

上述是笔者对多年在一线市场经验的总结，选取10个比较优秀的实战案例进行详细阐述。白酒行业目前处于“寒冬期”，但也不是一成不变的，还是有很多机会点和突破点的。要想改变，必须先改变自己，市场亦是如此，要不断地学习创新，根据市场的特殊情况制订营销方案。方法可以借鉴、可以模仿，但是不要照搬照抄，要结合实际情况运作市场。

案例篇

对杜康、一担粮、酒鬼三两三、酒中酒霸、封坛酒等案例进行总结和分析，将市场操作的具体内容总结成为模式，逐一进行阐释。

38. 杜康品牌整合后销售额增长到20亿元的传奇背后到底是什么

“何以解忧，唯有杜康”。相传杜康是中国用粮食酿酒的创始人，后人根据对这位历史人物的挖掘创立了白酒品牌——杜康，主要以河南的杜康品牌和陕西的白水杜康品牌为主，其中影响较为深远的为河南的杜康品牌。但是当年河南的杜康品牌又分为汝阳杜康和伊川杜康，历经多年的品牌斗争，在洛阳市政府部门的整合下，于2010年汝阳杜康和伊川杜康结束了长达20年的“两伊大战”，后期改名为“洛阳杜康控股有限公司”。随着新鲜血液的注入、营销模式的改变、产品的全新梳理，杜康品牌渐渐焕发自己的第二春，成为豫酒中的龙头企业。

其实在豫酒的品牌发展中，不乏有一些消费者和商家熟知的品牌，但近几年都已经没落。比如“东西南北中，好酒在张弓”的张弓品牌、以老子故里为宣传噱头的宋河品牌、走双品牌战略的仰韶品牌、曾经销量占据豫酒第一的宝丰品牌。这些品牌当年都辉煌过、成功过，但是近几年表现平平，几乎只能在河南市场各自为战，没有太大的发展。杜康品牌在整合之前和这些品牌完全不是一个级别，甚至在豫酒的“6朵金花”中也不是最闪耀的那一朵。那么，近5年杜康品牌销售业绩增长的背后到底隐藏着什么秘密？杜康人是如何做到的？对于从事白酒销售的我们又能从他们身上学到什么东西？笔者根据自己浅薄的认识和大家交流一下。

重新规划产品线，精心设计主导系列产品

战略重组后的杜康相当强势，大力整顿市场，联合工商、公安等多方力量打击假冒伪劣产品，目前全国各地市场基本见不到杜康的假酒和擦边球产品。除此之外，企业内部重新梳理产品线，将商标统一换成洛阳杜康控股，改善产品形象，同时淘汰诸多当年在“伊川杜康酒厂”和“汝阳杜康酒厂”开发的不稳定产品。最后，形成具有市场竞争力的产品体系：

超高端产品：酒祖杜康·名仕封坛，专属定制产品，市场价格几万元至几十万元。

高端产品：酒祖杜康，企业核心产品，市场价格 138 ~ 588 元。

次高端产品：国花杜康，企业主导产品，市场价格 128 ~ 498 元。

中端产品：中华杜康 K 系列产品，企业后续换代补充产品，市场价格 88 ~ 268 元。

中低端产品：绵柔杜康、杜康老窖等，企业走量产品，市场价格 20 ~ 100 元。

杜康品牌整合后，陆续推出的产品呈金字塔形产品结构，覆盖超高端、高端、中端、低端产品，满足不同人群的消费、投资、收藏、馈赠等需求。根据笔者的了解，企业在产品的包装设计方面花费了大量财力。

重新布局商家，选择具备培养潜力的商家

在商家市场布局上，杜康企业根据当前的实际网络情况，合理选择布局的市场，主要采取一个市场多个商家、分产品运作，但在核心市场必须有一家强势商家（即杜康某系列产品在本市场占据领先地位）。在招商策略上，招商产品不同，对经销商的要求也有不同。见表38。

表38　招商策略

产品的定位	经销商要求
高端	有人脉关系的经销商+终端网络资源+有一定的资金实力+经营思路
中高端	直供终端网络资源+人脉资源+很强的资金实力+经营思路
中端	终端网络资源+资金实力+经营思路
中低端	终端网络资源+分销流通网络+资金实力+经营思路

在选商过程中，着重考察经销商的配合程度和资金实力，重点考察经销商经销杜康产品的目的。如果经销商代理和招商同价位产品，一般不做考虑，哪怕此商家各方面实力都很强。待确定与经销商的交易条件，也是为了对经销商进行考察和验资，根据不同的市场设置不同的交易条件，比如保证金、首批进货任务、年度经销任务等。

其中，针对省外市场，杜康品牌凭借自己一定的品牌优势也招到部分商家，为企业贡献了一部分的营业额。但是根据笔者的

了解，市场运作情况并不乐观，作为杜康控股未来销量的增长点，省外市场将是最直接、最有效的部分。

打造样板市场、核心市场

样板市场一般是企业集中优势资源打造的一个亮点市场，然后总结复制市场的整体运作思路，从而取得以一带多的市场效果。

杜康主导产品为酒祖杜康系列，企业经过多方面考虑选取巩义市场（隶属郑州，县级市，全国百强县）作为样板市场进行打造。通过整合经销商资源、营销咨询公司资源、企业资源、团队资源等多方面有利资源进行市场运作，并且企业高层多次亲自深入一线指导。同时，在终端陈列、消费者促销、终端氛围营造、分销商管理等方面进行核心打造。为了快速控制核心名烟名酒店，形成战略联盟，提升本品在其高端酒销售中的比例，抢占名烟名酒店背后的团购和零售资源，特此和终端签署战略联盟协议。首先，对巩义市名烟名酒店进行排查，筛选出有团购背景且配合度高的名烟名酒店。其次，与目标客户逐一沟通，确定合作，并根据其意向分为 A 类、B 类、C 类联盟店。战略联盟店划分及政策支持见表 39 所示。

表 39　战略联盟店划分及政策支持

<table>
<tr><th>战略联盟店</th><th>A 类店</th><th>B 类店</th><th>C 类店</th></tr>
<tr><td>首单进货</td><td>20 万元</td><td>10 万元</td><td>8 万元</td></tr>
<tr><td rowspan="2">协议期任务</td><td>50 万元</td><td>30 万元</td><td>20 万元</td></tr>
<tr><td colspan="3">1. 将协议期的任务量分解到每个阶段，公司按照阶段任务达成情况给予支持
2. 协议期为协议签订之日至××××年××月××日</td></tr>
<tr><td>进货奖励</td><td colspan="3">统一在开票价的基础上按六搭一进行本品搭赠奖励</td></tr>
<tr><td>阶段任务达成奖</td><td>达成阶段目标，按阶段回款销量的 5% 奖励</td><td>达成阶段目标，按阶段回款销量的 4% 奖励</td><td>达成阶段目标，按阶段回款销量的 3% 奖励</td></tr>
<tr><td>价格控制奖</td><td colspan="3">按照公司要求的价格执行，给予阶段回款销量的 4% 价格控制奖励，乱价者无奖励</td></tr>
<tr><td>品牌宣传支持</td><td>给予 3 万元品牌宣传支持</td><td>给予 1.5 万元品牌宣传支持</td><td>给予 1 万元品牌宣传支持</td></tr>
<tr><td>品鉴会支持</td><td>每月举办 5 桌品鉴会，主要对象是行政官员及企业高管，餐费标准 1000 元/桌，公司支持饮用酒，每桌三瓶 12 窖区</td><td>每月举办三桌品鉴会，主要对象是行政官员及企业高管，餐费标准 1000 元/桌，公司支持饮用酒，每桌三瓶 12 窖区</td><td>每月举办两桌品鉴会，主要对象是行政官员及企业高管，餐费标准 1000 元/桌，公司支持饮用酒，每桌三瓶 12 窖区</td></tr>
<tr><td>协议销量奖励</td><td>协议任务完成，按协议回款销量的 10% 奖励</td><td>协议任务完成，按协议回款销量的 8% 奖励</td><td>协议任务完成，按协议回款销量的 5% 奖励</td></tr>
<tr><td colspan="4">注：公司承担部分费用以货物冲抵</td></tr>
</table>

巩义市场经过一段时间的市场运作，销量得到飞速提升，并且企业安排全国其他市场经销商到其市场进行观摩学习，利用优势之处。除此之外，企业还在洛阳市场打造绵柔杜康样板市场，基于价位的原因，主要在农村市场、乡镇市场发力，并且取得了很好的效果。

挖掘品牌文化，从酒的酿造过程赋予概念

酒祖杜康系列产品作为杜康控股的核心主导产品，在品牌文化方面进行了大力度的挖掘和培养，主要以“玄武古泉、桑泥古窖、分区窖藏”为主导概念，进行大范围的宣传。不断代老窖龄窖池群，是沧桑岁月和璀璨历史沉淀的珍稀宝藏，为酒祖杜康的高品质提供了支撑；不同窖龄窖池的分区发酵，保证了酒祖杜康各支产品酒体的相对独立性，实现品质分级；分区储藏则造就了酒祖杜康不同窖区的产品风格。

杜康控股斥巨资在酒厂（汝阳杜康村，隶属洛阳市）修建了杜康文化遗址，也为杜康文化的传播提供了一定的文化支持。同时为了让经销商和消费者更直接地了解杜康企业，特别制定了杜康文化之旅，从而增强杜康品牌在消费者和经销商心中的品牌认知。

省内市场聚焦婚宴市场，省外市场聚焦重点市场

婚宴市场一直是企业和经销商必争的一块奶酪，在豫酒中与其他白酒品牌相比，在同一个价位区间，杜康无论是品牌影响力还是酒水品质，抑或是包装形象等，都占有绝对优势。因此，就

算有全国性名酒在河南市场重点运作婚宴市场，杜康品牌依然可以获得一定的市场份额。

杜康品牌在切入婚宴市场的过程中，一直追求创新性宣传形式和促销形式。企业采用了事件营销的手段，制造话题，反复将杜康品牌植入事件，力图拉近与消费者的距离，如图 23 所示。比如杜康以郑州青年刁璐璐向王梦莹求婚的爱情事件为基础，包下当地 50 块公交站牌宣传此事，并通过当地主流媒体大肆渲染，引起公众的关注。随后，杜康设置了“谁将赞助两人结婚”的悬念，并高调宣布赞助者为杜康，植入“千年杜康酒见证完美爱情”的品牌诉求，于线上、线下不断传播杜康酒与爱情、结婚的话题，更在“中国式爱情”的宣传广告中植入了杜康的产品信息，增强品牌与婚宴的联想度。

图 23　杜康的事件营销

事件营销使杜康取得了很好的效果，并且吸引了消费者的眼球，从而在婚宴市场引起轰动。除此之外，杜康品牌还在农村和乡镇市场大范围开展绵柔杜康、中华杜康、国花杜康的婚宴活动，从而取得产品群式的婚宴效果。

封坛大典、群星演唱会大型活动提升品牌形象

杜康控股率先开创中国第一家白酒地下私人酒窖，开创白酒不以瓶销而以坛卖的崭新商业模式。洛阳杜康控股有限公司先后几次在酒厂举办酒祖杜康·名仕封坛大典，虽然与杜康“518”全国经销商峰会相比，酒祖杜康·名仕封坛大典的参会人数较少，但绝大多数人不再是重点经销商，而是社会各界名流、大腕及商界精英等。

杜康地下私人酒窖属于独特的玄武岩地貌结构，面积近20000平方米，可以同时盛放上万个100斤的陶坛，这也是中国白酒行业绝无仅有的独特地下酒窖。该酒窖一年四季恒温恒湿，利于酒祖杜康·名仕封坛原浆酒的储存、醇化、老熟、生香，使得原本品质超群的酒祖杜康·名仕封坛原浆酒升华为不逊色于世间任何名酒的稀世佳酿。

杜康控股以封坛酒的独特商业模式，在白酒行业高端酒整体受挫的不利环境下，引领中国高端白酒迈向个性化消费时代。吸引了众多企业向其学习，从而在行业逆境中寻求销量增长。

群星演唱会也是杜康近几年常用的品牌宣传方式，在河南各个地级市开展此活动，在其过程中宣传杜康品牌和产品。此方式虽然取得一定的效果，但是也花费了大量的人力、物力和财力。

重点打造营销大团队

人才是市场竞争中最核心的资源。杜康企业始终坚持打造营

销铁军，一般市场一线服务人员普遍以年轻人为主，年龄在 30 岁左右。无论在领悟企业的发展战略或者营销模式，还是在一线服务经销商和终端打交道，这类人都有先天性优势，同时学习能力较强，乐于接受新鲜事物，更能整合一切可以整合的资源为市场服务。

最关键的是，杜康的团队除了由传统白酒企业、快消品行业及营销咨询行业等多种行业精英组成外，更注重对新生代力量的培养，专门成立商学院对新入职的员工进行培训。

杜康的复兴和营销大团队密不可分，既符合白酒行业的基本规律，又能充分借鉴、吸收行业外的经验，大胆创新、开拓进取。

杜康销量的飞速增长除了笔者总结的还有众多原因，比如杜康控股总经理吴书青为首的领导班子敏锐的市场洞察力、杜康自身的品牌价值优势、多家营销咨询公司的落地性服务、高薪吸纳外来精英、大胆的营销模式创新、电商渠道的介入等。

飞速发展的背后也存在发展困惑，比如开发产品过多、定位不清晰、影响主导产品销售；品牌推广形式费用过高，落地性服务难以跟进；和部分经销商矛盾重重，很多经销商都和杜康短期合作后解约；省外市场如何打造亮点，单凭河南省销量远远不能满足企业发展需求等。

但是，杜康品牌近几年的发展很快，笔者在这里由衷地对杜康品牌作为民族品牌取得的骄人成绩表示尊敬，也希望杜康品牌在未来发展中克服重重困难，早日挤进百亿白酒企业的行列。

39. 浅析“一担粮二锅头”成功背后的奥秘

一个老汉、一担粮食、一双脚印、腰间一个酒葫芦，他传递的是历史、粮食酒、大众；是脚踏实地、勇于担当、坚持不懈；是有生活、有梦想；是有酒相伴、乐享生活、快乐人生。他就是“一担粮二锅头”的商标——挑担老人，如图 24 所示。

图 24　“一担粮二锅头”商标

“一担粮二锅头”（图 25）是近两年来中低端白酒的新秀，凭借独特的营销策略获得空前的成功，在白酒动荡期间得到消费者的认可。从 2013 年上市到 2015 年 9 月销售额突破 4 亿元，深受大众消费者的青睐，开启二锅头新时代的发展之路。“一担粮二锅头”作为二锅头品类中的新秀，虽然在牛栏山和红星两个二锅头“大哥”面前还不敢“叫板”，但随着一担粮营销团队的精耕细作，在二锅头这个单独的白酒品类中已经营造了一定的销售氛围，值得大家借鉴。

图 25　“一担粮二锅头”产品

笔者作为“一担粮二锅头”的小粉丝，根据对其市场策略的理解，总结了一些优秀的市场操作经验。

独特口感，满足消费者饮酒需求

牛栏山二锅头超级大单品，年销售 2000 万箱。这说明消费者对二锅头的口感依赖已经形成。无论在地摊式餐饮店还是在中高档饭店，都可以看到它的“身影”。这也充分表明，二锅头并不是只有低端人群消费。

作为“一担粮二锅头”的领军人，李红军认为二锅头要想大发展，必须在口感上进行重大创新，“一担粮二锅头”就做了颠覆性创新：将传统清香型二锅头重新勾调，于是诞生了现在神奇的“一担粮二锅头”口感，突破了传统二锅头的口感瓶颈。从酿制工艺上得知，“一担粮二锅头”传承老北京二锅头的传统酿造技艺，产品选用优质高粱为原料，以麸曲为糖化发酵剂，采用老五甑发酵法、混蒸混烧、看花接酒、掐头去尾，长期储存、精工勾兑而成，具有酒液清澈透明、酒体醇厚、绵甜爽净、余味悠长等特点。

低度饮酒，多而不醉

对于一些二锅头爱好者来说，一直是以高度为主，尤其是一些中老年消费者人群，更是因为喝低度酒感觉“不过瘾”而选择高度二锅头。随着饮酒人群的变化，更多的消费者都会选择一些中低度的产品，可以多喝一些。“一担粮二锅头”的产品度数分别是较低的42% Vol和38% Vol，而非传统二锅头的高度，度数自然是酒水产品最大的信息传递者。在消费者的固有认知中，低度的酒更不容易“喝醉”，更容易“超常发挥”，这适应了现代人生活节奏较快、应酬频次较高的客观社会环境，更容易获得消费者的认可。

笔者认为，随着饮酒人群的逐渐变化和对健康重视程度的提升，“60后”和“70后”饮酒的量和数都在逐渐下滑。而作为饮酒“新力军”的“80后”“90后”的年轻消费人群，对高度酒出现排斥心态，因此“一担粮二锅头”敢于突破常规在度数上创新，也是成功的一个重要环节。

同时，“一担粮二锅头”在传统白酒的喝法上给予了年轻人特有的创新。保留“一担粮二锅头”的精髓，重新调配带来“不一样温柔的口感”，可以根据个人口味随意调配，可加冰、加茶、加饮料的二锅头，引领消费者进入自制鸡尾酒的时代。无论在口感还是饮用方式层面，“一担粮二锅头”都做了一定的创新，得以满足更多的消费者需求。

包装独特，产品突出

在品牌形象层面，李红军认为，一个平庸的思路，一个平庸的产品，肯定是死路一条。李红军还表示目前白酒行业最大的问题不是高端酒之路被堵，而是“营销过度”。因为产品都是同质化的，所以只能把精力和资金都用在营销上，市场就是用钱买出来的。这样，经销商做得越来越累，没有卖点的产品光靠砸投入是不行的。所以，白酒企业必须在产品创新上下功夫，用产品自身的差异化卖点去打开市场。但这种创新必须是全面的，单点创新已经不足以打动消费者了。

对于整体形象，笔者认为别具一格的包装和独树一帜的风格是“一担粮二锅头”被消费者接受的最重要因素。“一担粮二锅头”包装颠覆了传统“普通光瓶纸标”的包装风格，融入更多的时尚色彩，分别汲取了红星 8 年陈酿和洋河蓝优两款产品的包装优点。无论从瓶体的“肚子”还是“脖子”，看起来比其他光瓶酒产品要“高”，并且富有时尚元素，有些洋酒和红酒的感觉。同时，深褐色的瓶体色彩选择与市面上其他透明瓶形成明显的差异，尤显厚重。再加上“一担粮，二锅头，非常北京，绝对温柔”的产品广告语，让它看起来更有味道。

在产品的深度挖掘层面，“一担粮二锅头”继续以年轻一族和流行用语作为切入点。比如“无语”“坐以待币”“有为青年”

“暗号”“正能量”等作为产品的特殊标识，让消费者有“瓶瓶一担粮，瓶瓶不一样”的感觉。

亲民价格，价值感强

“一担粮二锅头”的市场价格为 14 ~ 18 元，牛栏山二锅头的市场价格为 12 ~ 15 元。牛栏山二锅头作为“一担粮二锅头”的核心竞争对手，价格较高，但对消费者来讲，两元的差价还是比较容易接受的。在消费升级的时代，14 元的价格已经处于亲民价格带，并且从产品的整体形象来讲，贵几元钱也无所谓。同时，一担粮公司严格管控价格，无论是烟酒店、酒店还是电商平台都不允许以过高或者过低价格销售，确保整体市场秩序。

优质招商，赢在合作

“优质招商、辅助市场、做深做透”是笔者总结的一担粮操作市场的要点。据了解，李红军曾是缔造“黑土地”传奇神话的灵魂人物，在当年中原地带积累了一部分优质经销商。此次一担粮的产品招商，就充分利用了当年“黑土地”经销商的资源。重点市场集中在北京、河北、山东和河南等地，这既是二锅头品类基础较好的传统型市场，又是李红军过去操盘“黑土地”积累的经销商人脉所致。无论在前期招商沟通，还是后续的市场战略决策，相互配合都比较默契。

“一担粮二锅头”是由北京二锅头集团、北京二锅头酒业股份有限公司与一担粮（北京）酒业有限公司联合出品。作为北京二锅头的“家属”，在商家资源层面也给予了很大的帮助，尤其在北京的前期铺市，“一担粮二锅头”充分利用了北京二锅头在首都的渠道资源，迅速占领市场。

独特的铺市策略和强大的铺市能力

“一担粮二锅头”的市场操作相比其他产品有所差异，采取的是“先餐饮，后流通”的市场策略，并未将核心放在竞争较大的烟酒店渠道，在琳琅满目的烟酒终端店，消费者很难记住一担粮这个新产品。一担粮开始选取的是竞争相对薄弱的中低端餐饮店，后续进入一些高档餐饮店，目前在许多城市的餐饮渠道都能看到其物料宣传与产品陈列。这一点“一担粮二锅头”做得比较极致，不仅在一些高档的餐饮店，就连一些普通的终端都有覆盖。一担粮市场运作将“以点带面”的市场策略应用到极致，后续一些烟酒店渠道也顺理成章地进店销售。

同时，“一担粮二锅头”营销团队的铺市可谓神速。

（1）准备足。在铺货之前充分提炼产品的卖点与买点；分析市场环境和同类竞品的销售情况，找到市场突破口；充分分析网络渠道，选择最容易切入和匹配的渠道；设计好利润空间和价格体系；做好铺货计划，选择铺货时间，确定铺货数量。

（2）时间短。铺市的销售人员首先会对本市场的终端进行预测，然后根据终端店的集中区域和非集中区域选择性铺市，先易后难。公司一般要求市场在50天内完成前期的铺货任务。销售人员一般通过三波铺货运动，基本完成匹配终端的80%以上的网点铺货率。第一阶段25天，完成60% 的铺货；第二阶段15天，再完成15%的铺货；剩下10天，再完成10%的铺货；剩余的15%的铺货，属于钉子户，需要在后期边维护边开发。

（3）速度快。集中优势人力、物力、财力，一鼓作气、高效、快速开拓市场，完成铺货目标。为了解决高效铺货问题，一担粮有时候从其他市场抽调人员成立铺货突击队协助铺货。总之，快速地完成铺货是产品上市的先决条件。

（4）执行力强。一担粮的业务团队可谓是军事化团队，一声令下只有完成没有如果，同时充分利用公司的资源和经销商的网络完成铺市。据了解，这也和李红军当年在“黑土地”的领导风格也有相当大的关系。

线上、线下品牌宣传的相互配合

品牌宣传作为品牌打造的“兴奋剂”，一直是一担粮品牌推广的核心。笔者根据对市场的走访了解，一担粮品牌比较重视线下品牌的推广，尤其是在终端物料和产品线下推广方面，均开展一些亲近消费者的活动，比如一担粮社区行、餐饮店门口品鉴、展会展示、终端物料“大面积”等。同时，一担粮采取的形式均和其他品牌有所差异，尤其在宣传物料的材质、形象和整体效果层面，可以看出一担粮人经过了深思熟虑和市场考究。

高效执行力的营销团队做基石

一担粮的营销大团队大部分人员是当年“黑土地”的销售人员，作为高效执行力团队的典型代表，在一担粮市场各项工作中再次充分体现高效率。重点市场 80% 以上的酒店陈列、核心终端的醒目终端生动化物料摆放、产品的有序陈列都彰显了一担粮销售人员的工作极致程度。任何成功的背后必定有一群“疯狂”的人，一担粮亦是如此。

一担粮的成功因素还有很多，要从产品研发、包装设计、市场招商、市场策略、团队打造等方面深入研究。单看一担粮产品瓶体上的字体和排版就可以发现它的与众不同。笔者一直认为一担粮这个产品就像一部优秀的电影，任何一个环节，哪怕一句台词、一个动作，都是经过深思熟虑的，从而做到极致。

40. 石启明缔造的酒鬼三两三小酒传奇

他祖籍常德，做过医生和教师，十几年前辞职下海经商。他只身一人前往深圳，开设一家酒鬼专卖店，从此和酒鬼结下不解之缘。在酒鬼飞速发展时期，他在深圳把酒鬼酒做得风声水起，他看到消费者对酒鬼酒的热情追捧甚至痴迷，后来便开始寻思如何将“酒鬼酒”品牌进一步做大做强，为蓬勃发展的湘酒产业再添助力。他就是深圳三真行商贸有限公司董事长石启明，也是酒鬼三两三的全国运营商。

酒鬼三两三的诞生

2011 年，石启明主要在深圳打拼，后来偶尔有机会回长沙和朋友一起吃饭。在吃饭期间，他发现朋友都喜欢喝小瓶酒，如酒中酒霸、小糊涂仙、邵阳老酒、椰岛鹿龟酒、劲酒等。朋友们说，这种小瓶包装的酒，每个人喝一瓶刚好够量，而大瓶包装的白酒，三五个人吃饭可能还喝不完一瓶，喝多了既伤身体又误事。石启明到多家酒店调查，发现小瓶酒很受欢迎，远远高于大瓶装白酒的销量。此后，他又走访了大量商店和超市，得到的结果与酒店反馈的情况差不多。经过进一步调查，他了解到某些小包装酒每年在湖南销售额不低于 8 亿元。

于是，石启明萌发了这样一个想法：可不可以与酒鬼酒公司合作，推出一种小瓶包装的白酒。他马上拜访了酒鬼酒公司的高层领导，详细地说出自己的设想，希望携手酒鬼酒公司推出一款小瓶包装的白酒，不过定位要高、包装要精美、质量要过硬、名称要醒目。酒鬼酒公司方面非常认同他的想法，很快就与他敲定了运营方案。让石启明充满信心的是，酒鬼酒公司明确表示，这种小瓶包装的白酒，每一滴酒都由吉首酒鬼酒厂生产，其生产工艺与酒鬼酒无异。

在湖南市场，当时小酒主流度数为45% Vol左右，但是大部分好酒之人都喜欢有点劲儿（高度）的白酒。因此，石启明将酒鬼三两三酒度数定位在52% Vol，其温润的口感，加上酒鬼酒独特的馥郁香型，很快获得了消费者的认可。酒鬼三两三酒容量即为3.3两，“酒鬼三两三”这个名字大俗大雅，容量即为名字很容易被记住，市场价格定为38元/瓶，并一直坚持到今天。

酒鬼三两三上市，迈出去第一步

2012年3月，石启明带着酒鬼三两三出现在第86届全国糖酒商品交易会上。其精准的市场定位、精美大气的包装、温润的口感、响亮的名字，吸引了大批前来寻找商机的客户，很多经销商要求签订代理协议。

当时大部分合作商家都是石启明亲自接见、洽谈的，石启明认为消费者对酒类产品的品牌忠诚度非常高，也十分看重酒的品质。当时酒鬼酒正处于上升趋势，势头特别猛烈，部分商家也是看中酒鬼的品质和品牌背书。凡是石启明接见的客户，他都为其详细地介绍酒鬼三两三的市场定位及企业文化。

长沙某客户在看到酒鬼三两三后，对其赞不绝口，再加上长沙市场是酒鬼酒的重点市场，客户当时就和石启明洽谈，要求做湖南省的总经销商。作为酒鬼三两三的运营商，石启明并没有打算设置总经销，因此婉言拒绝了他的请求。石启明认为，现在的目标是先深耕湖南市场，湖南这么宽广的市场，一家经销商做起来肯定吃力。他建议经销商先将长沙市场做好，长沙是湖南的省会城市，只要长沙市场做好了，今后向其他地方辐射就有了牢固的基础，并答应将长沙市场交给经销商运作。在长沙市场，酒鬼三两三酒风生水起，该酒受到了很多消费者的青睐，湖南省的酒鬼三两三代理权被逐一“瓜分”完毕，无缝隙覆盖整个湖南市场。

酒鬼三两三保证酒质，市场精耕细作，建设营销大团队，占据湖南小酒市场

石启明说：“酒的质量就是酒的生命，酒鬼酒充足的基酒保障、良好的质检体系，就是酒鬼三两三酒的坚强后盾。在造好酒的同时，用好人很关键，目前我们要用好、管好人员，提倡学习、思考，反对抱怨。引进人才，协助经销商打造好团队。”

当时酒鬼三两三在湖南市场选择打造长沙、岳阳、常德等重点市场，资源重点投放。根据了解，2011—2012 年，石启明共投入不低于 500 万元的市场费用，但是还没有盈利。作为董事长的他表现出异于常人的“淡定”，只是说还会继续精耕细作市场、加大市场投入，做出湖南小酒市场的亮点。经过近 4 年的运作，开始盈利，市场也“流畅化”发展。现在，在长沙、岳阳、常德等城市的数千家饭店，酒鬼三两三以“好看、好喝、好玩”的独特品质得到了广大食客的青睐，销售额持续上涨。食客中流传着一句口头禅：“没有三两三，哪敢上梁山。”在这些区域数千家酒楼，酒鬼三两三酒有精准的定位，回头率非常高。

酒鬼三两三以精准的定位、过硬的品质和深耕湖湘市场的决心，成就了今日销售的直线上升。2014 年酒鬼三两三湖南销售同比增长 289%，2015 年将加快在全省其他市场的布局，并向全国市场发起进攻。在打造核心市场的过程中，石启明表示公司一直坚持“造好酒，用好人，织好网”的营销策略。在织好网方面，招商铺市工作很重要，要打造一批样板酒楼，营造氛围；要重视分销，实现资源整合；在消费者层面采用刮刮卡中奖、文艺演出、终端旗帜、推拉贴、广告照片等宣传策略，大大地推动了酒鬼三两三的发展。

公司在选人、用人、育人方面有一套独特的体系，要求做起事来风风火火、雷厉风行。以全身心的状态去工作，石启明认为只有这样业绩才会提升，才会成就三两三的爆量。

在行业整体低迷的背景下，湖南小酒市场火爆，品牌多、增长快，目前年销售额超过 10 亿元。上市仅四年的酒鬼三两三成为湖南小酒市场的一匹黑马，成为湖南高端小酒市场的第一品牌。

结语：引用酒鬼酒供销有限责任公司副总经理龙利晖的评价

从其他行业改行卖酒的很多，但医生改行卖酒，石启明老总是我见到的第一个。这个儒雅的医生，凭借职业性格的细腻和果断，以真诚的态度、独到的见解和大胆的决策，把酒鬼三两三这个小酒在湖南小酒市场上做得风生水起。两年多来，酒鬼公司一直致力于转型战略的实施，并取得了一定的成效。虽然行业发展趋于平缓，很多酒类业绩平平，酒鬼酒也一样，但随着销售转型的深入推进，中低端产品销量稳中有升，更有快速增长的品类，酒鬼三两三就是其中的突出代表。

41. 一个乡镇，三个月销售 100 万元是怎么做到的

随着行业的发展和竞争的加剧，地级市市场“没有几把刷子”真不敢随意投入，乡镇市场和农村市场成为白酒企业和经销商关注的焦点。一个乡镇卖 1000 万元也很平常，甚至在江苏和安徽等地，一个乡镇销售额近亿元的品牌也存在。那么普通经销商如何在本区域内分一杯羹呢？如何在行业调整时期不被淘汰呢？下面为大家解读一个商家的“小区域，大销量”的实战案例。

张总是河北石家庄下辖某乡镇的 ×× 品牌经销商，主要区域为周边的三个乡镇，18 个村庄，人口大约 13 万，白酒消费浓郁但是价位相对较低。张总在本区域经营白酒大约 8 年，渠道网络相对健全，也算是本地的知名经销商。2015 年年初，张总决定摒弃一些不赚钱的产品和高利润无销量的产品，新经营 ×× 品牌。从 2015 年 3 月初到 6 月中旬左右，三个多月的时间销售额就达到 108 万元，笔者也为此采访了张总，总结成优秀案例，以供大家借鉴。

第一步：知己知彼，百战不殆（铺市）

张总凭着多年的经营经验，较为了解渠道的利润追求。一般

终端对于白酒的每箱利润追求在 20 ~ 50 元（盒装酒，1 ×6），市场较为流行的品牌，比如衡水老白干、泸州系列产品、山庄、板城烧锅、味道府等利润都在此区间。张总在为了刺激消费者又不影响价格体系的情况下，制定了“顺价利润 + 月度返利”双重利润的刺激终端进货。顺价利润控制在 25 元、30 元、35 元，正好符合目前终端对于利润的核心追求；月度返利 8%（约 20 元），终端店在严格按照商家要求的情况下给予额外奖励，这样整体算下来，利润已经超越主要竞争对手，终端店老板更愿意推荐。因此，张总在 3 月铺市达 107 家，实现销售额约 38 万元。在铺市的前期，张总还特意亲自陪同业务员到市场铺市，每到一家终端店自己就下去找终端商老板谈判，宣传产品的优点。张总说道：“其实有时候终端老板就是好面子，你直接和他谈判，比我的业务员和他讲效果要好得多，现在生意难做，我都成了业务员。”

第二步：消费者“低端实用”促销，刺激消费

铺市，永远都是产品销售的基本环节，也是开始环节。张总说道：“这边的消费者对于白酒的消费需求很简单，对于品牌没有太大的需求，只要价位合适，酒质不错就能有市场。”为了在铺市后让消费者的购买，张总在本区域开展主题促销活动。在促销品的选择方面，张总考虑到本地的消费者注重实用的基本需求。特意选择了大盆（洗衣服）、瓷碗、菜板刀具五件套、T 恤衫等较为有用的产品作为促销品，但是这些产品都是“主题促销品”，促销品均包含产品的广告，作为品牌宣传的载体。凡是在任意一家终端店购买一箱产品，均赠送一种促销品，由消费者自行选择，并且把促销品摆放在终端店的门口，形成了强有力的视

觉冲击力，刺激了消费者购买。在 4 月中旬，终端铺市达到 158 家，实现二次回款的达到 76 家，4 月销售额达到 47 万元。张总还说："自己既是经销商又是终端店，自己的店铺销售额还有 8 万多元。"

第三步：注重培养核心关键人，口碑传播

张总说："这个地方特别注重口碑传播，口碑传播也是销售的一个关键环节。只要大家都说好，这个产品就很容易被消费者接受，尤其是一个村里的核心关键人和终端店老板。从众心理较强，有身份的人、左邻右舍、亲朋好友等消费什么品牌他们多跟随消费什么品牌。因此张总通过自己的关系网络，在每个村发展了一位关键人（红白事理事人、乡村小厨师），每个月给他们两瓶酒作为回报，让他们向父老乡亲推荐本品牌，尤其是婚寿喜宴方面，如果产生消费，还会有额外的奖励。张总还告诉我："五一放假期间，婚宴使用本品牌的就达到 60 场，婚宴销售额 20 多万元。"

第四步：做好终端店面生动化和品牌宣传

终端生动化是做酒人都要知道、了解的东西。张总在本乡镇主要打造核心店，在乡镇市场选取有利位置的核心店进行包装，通过制作店招等终端生动化的建设，打造形象店、营造良好的销售氛围。强化终端 POP 广告，如商店的牌匾、店面的装潢和橱窗、店外悬挂的充气广告、条幅、商店内部的装饰、陈设、招贴广告等。选择价位不高但是"面积"大的广告物料作为主要宣传

品，其具有新产品告知，唤起消费者购买意识，创造销售气氛。

由于主要是乡镇市场和农村市场，张总还充分利用墙体广告进行宣传，在乡镇、农村、交通要道的进出口做墙体广告。墙体广告是天天可见，但无法拒绝的强制性媒体。张总在本区域内制作了 20 多块墙体广告，费用全部是用酒水置换的形式兑付的，把广告公司都发展成了自己的团购客户，用最少的钱换取了最大的利益，把品牌的墙体广告打造成了乡镇的一道品牌宣传的风景线。

张总最后说，其实乡镇市场操作远比城市市场简单，形式不需要太新颖，但一定要接地气。终端店老板大多比较好接触，没有太多的“心机”，只要能赚钱铺市，卖货就不是问题。到 6 月 13 日，张总已经实现了销售额 108 万元，离 500 万元的目标还有一定的距离。从张总的口吻可以感受到，实现这个目标不是很大的问题。

42. 酒中酒霸，小酒传奇如何缔造

它产于大曲酱香型的鼻祖生产基地仁怀市，是中国小酒中最具代表性的产品之一。它在湖南、贵州两地的销售额过亿元。它在1998年上市，是小酒中“出道”较早的，它的名字看到就觉得霸气——酒中酒霸。

众所周知，2012年中旬，白酒行业进入了深度调整期和整体寒冬期。在特殊的背景和严峻的形势下，许多酒企和商家的状况不容乐观，销量和利润双下滑是酒企面临的普遍状况。但酒中酒霸属于反应最迅速的一款产品，全面做出战略性调整。

渠道全面下沉至农村，开展“天网工程”占领终端

行业调整时期，在市县级单位取得了一定成果后，酒中酒霸进一步将渠道下沉至乡镇市场，甚至构建以“村级网络”为基础单位的终端网点，这就是酒中酒霸在渠道构建方面打造的“天网工程”，时至今日都被终端老板赞叹，业内闻名。“天网工程”把酒中酒霸构建的众多终端网络连成一张大网，其中，湖南、湖北、贵州、江西等地小酒市场竞争激烈。酒中酒霸为了进一步维护好市场终端，在“天网工程”的基础上扩充团队人数，全面推行终端网点精细化管理。2013年，共进行天网扫盲行动1000余

场，终端铺市率在90%以上，其中有酒中酒霸战略的光芒，有团队人员精神的体现。

“天网工程”是促进销售增长、宣传品牌形象、完善终端服务的利器，几乎让酒中酒霸“店店有陈列、店店好氛围”，为全国经销商带来视觉震撼。酒中酒霸把商家的工作放在自己的肩上，把终端商的工作做到自己心里，得到了终端老板的好评、业内认可。

打造样板市场，实施终端网点精细化管理

酒中酒霸在维护好“天网工程”的前提下，积极稳步扩张。在湖北的荆州、武汉、湖南的岳阳、常德、怀化、长沙、株洲、湘潭、衡阳等地重点打造市场，全面推出终端建设和消费者培育，同时在产品结构上做出相应的调整，适度创新和丰富产品。在部分乡镇、农村无网络、无客情的区域实现了零的突破。在资源使用和消费者促销等层面进行倾斜，虽然也整合了经销商的资源，但更重要的是酒中酒霸的战略决策和团队执行能力。在推广酒中酒霸小酒的前期，公司高层经过深入调研发现，将主要竞争对手锁定为郎酒的“歪嘴郎”，当时本款小酒在全国市场表现良好，但价格略高、利润偏低，终端商主动推荐力不足，主要靠消费者自点消费。酒中酒霸抓住湖南终端商单瓶利润高回报的想法，增加单瓶利润，进一步打开市场。

从“压”商家到“帮”商家，采用“零库存、净渠道”策略

有多少企业都在告诉自己的业务员压货给商家的“妙招”，

有多少商家为了完成销售额拿到返利而被迫压货。酒中酒霸逆势而为，除对初期合作的经销商首批款有一定要求之外，从第二次开始就是自然进货。笔者了解到，酒中酒霸不想商家压货，并且要求经销商不得主动向终端压库存，鼓励客户“少进勤销”。除此之外，酒中酒霸在终端管理方面构建了一整套盘查制度，将服务团队进行区域划分，服务人员对所属区域的终端网点库存量定期盘查，登记并录入后台数据库。盘查制度一方面是监督销售人员不得向终端压货；另一方面，通过数据分析某一终端网点销售规律，帮助终端商管理库存、把握进出货时机、解决动销困难等。酒中酒霸推出库存盘查制度之后，如果还有一定量的产品想要囤货是不行的。酒中酒霸通过打造零库存工程，净化渠道，彻彻底底的从压商家到帮助商家管理市场。

小酒沿用经典牛皮纸包装，在大酒层面创新

市场的小酒中，只有酒中酒霸的牛皮纸包装最显眼，并且质量最好，包装和品牌已经融为一体。就像酒鬼酒的“麻袋瓶”一样，既是一款包装又是一个品牌。目前湖南、湖北、江西等市场小酒氛围良好，涌入的小酒品牌也逐渐增多。酒中酒霸也在丰富产品结构，逐渐上延产品价位，以弥补酒中酒霸在小酒较高价位上的空缺。据了解，酒中酒霸推出了酒中酒霸精品、酒中酒霸金樽金十五、酒中酒霸商务等一系列产品，以增强竞争优势。

重视酒店渠道，开展主题促销活动

笔者在走访市场中发现，40% 左右的酒店都销售酒中酒霸的

小酒，从A类酒店到D类小餐饮店均有销售。店里产品陈列比较好，店内的宣传物料也比较有序。还有部分酒店开展“加一元换购本品一瓶”的活动，全面吸引消费者自点消费。在所有小酒的酒店运作中，笔者认为酒中酒霸是从全方位进行分析，并且将其付诸行动，最后在酒店这个渠道起到一定的作用。

重视文化营销，建设“情感、市场一体化”营销大团队

酒中酒霸企业作为一个有责任感的企业，从未放弃过对社会的关注。四川雅安捐款、多次捐资助学和去福利院献爱心等活动证明了自己的社会责任心。开展“传递爱心·点燃希望”系列活动，和湖南部分大学联合开展，让这些学生到酒中酒霸市场学习，提升自己的社会适应能力，了解酒中酒霸的运作模式。在学校开展市场调研竞赛、爱心义卖酒中酒霸，不同于其他公益活动依靠社会爱心人士直接捐赠，这是学生的劳动成果，增强他们和酒中酒霸的黏度。在公益和企业文化方面齐头并进，履行企业的社会责任，让企业成为员工心灵的家园，建设了一支“情感、市场一体化”营销大团队。

酒中酒霸自1998年做小酒，当时销售团队一共才十几个人，品牌力也不强。17年来，它坚持做高端小酒，不断努力创新。如今酒中酒霸已经成为小酒市场中的高端明星品牌。其中有太多的模式值得我们学习，有太多的亮点值得我们效仿，有太多的方式值得我们借鉴。

43. 封坛酒市场操作6步骤

从2012年下半年到现在，中国白酒行业遭遇严重的“寒冬”。根据数据显示，截至2013年10月底，同比2012年销量增长的企业不足30%，更有一些二线以下品牌的白酒企业面临着利用裁员来压缩成本的困境。

面临严峻的行业形势，各大酒企都在寻求新的销量增长点、创新性的渠道模式或者更有内涵的产品系列。比如茅台与酒仙网战略合作，寻求新渠道的销量增长；五粮液打造的中低价产品（五粮特曲、五粮头曲、绵柔尖庄）来适应白酒价位下沉的潮流；洋河也从曾经的“1+N”模式开始向终端和消费者倾斜。

面对各大企业的市场动作，对于一些次高端酒企或者省区域强势品牌企业来说是一种挑战。那么如何在行业调整时期站稳脚跟？如何在白酒的一片红海中杀出一片蓝海呢？这时候，封坛酒、洞藏酒、封藏酒、原浆酒（后面统称为封坛酒）等产品开发和运作成了一些企业追求销量的增长点。一些酒企尝试操作后，效果却各不相同。如何有基础、有条件、有计划、有策略地操作封坛酒呢？笔者对其做了认真的总结和分析。

操作封坛酒必备的8大基础条件：

（1）上等、高品质、稳定等基酒资源。

（2）独特的封坛酒封藏气候。

（3）企业有一定的品牌知名度。

（4）人杰地灵的差异化封坛酒储藏酒窖。

（5）企业的系列产品具备一定的市场影响力。

（6）专业操作封坛酒的营销大团队。

（7）精准的产品牌推广策略。

（8）企业高层高度重视封坛酒。

这些是操作封坛酒的基础必备条件，这些配套系统是操作成功背后的坚盾。封坛酒从前期到后期如何运作？笔者将其总结为封坛酒操作六步骤。

第一步：确定封坛酒产品基本信息

基本信息一般包括名称、规格、度数、香型、包装。封坛酒名称需要结合企业自身产品的品牌名称、封坛酒工艺、酒窖特点、企业历史等信息起名，比如酒祖杜康·名仕封坛原浆酒、泸州老窖封坛洞藏年份酒、贵州洞藏青酒。封坛酒产品规格主要为 50 斤、100 斤、200 斤或者其他特殊规格，比如酒厂建立 60 周年，可设定规格为 60 斤。分酒器规格主要为 5 斤、两斤、1 斤 ×2 礼盒装。封坛酒度数多为高度，目前 52% Vol、60% Vol、68% Vol 成为封坛酒主流度数，可根据当地消费习性制定封坛酒度数。香型方面最好与企业的主导产品度数一致，这样可以主导产品和封坛酒产品的配合。整坛酒包装多采取陶坛木架，分酒器采取瓷瓶（钧瓷），便于客户分酒取装、赠送礼品和聚饮使用，其中分酒器设计风格高端、大气、上档次，将产品作为企业的形象进行设计。

第二步：确定封坛酒产品的价格体系

毋庸置疑，价格是产品的生命线，一个产品定价合理就成功了一半。对于封坛酒的定价，笔者认为和企业形象、主导产品市场主流价位、封坛酒酒质和赋予的内涵息息相关。价格过高，消费者或者商家不会买账；价格过低，消费者或者商家对这个产品产生质疑，所以定价是想做封坛酒的企业最难决定的事情。笔者根据对全国各个企业封坛酒价格的综合分析，一线名酒企业将封坛酒的价格定于600～800元/斤，二线名酒企业将封坛酒价格定于500元/斤左右，这样的定价比较合理。另外，价格体系的制定要针对不同度数设定不同价格，一般高度高价、低度低价。封坛酒价格体系的制定是通过市场调研、整体评测、成本核算综合分析的结果。

第三步：确定封坛酒产品的渠道模式

渠道模式的确定直接关系着封坛酒未来的发展走向，笔者认为封坛酒产品渠道模式为PM模式（Private Membership）+内部认购模式+传统渠道推动模式的综合模式。PM模式为私人会员制模式，是指每一坛封坛酒属于私人化封坛定制产品，每一坛酒都代表着不一样的含义，所有私人会员均可享受一对一的封坛定制和售后服务工作，保证客户拥有中国顶级的私人定制封坛酒和专属酒窖。内部认购模式是指整合酒企一切人脉资源，每一位企业员工都是封坛酒的宣传推广人员，向企业员工灌输全员营销理念，制定详细的内部人员提成体系，将封坛酒作为企业员工额外收入的一部分，从而激励员工开展封坛酒定制工作。传统渠道推动模式主要分为团购模式、专卖店模式、商家下属会员定制模式，这三种模式主要是以团购人员为导向，挖掘核心消费人群，宣导企业封坛酒的优势，从而达到销售的目的。

第四步：确定封坛酒产品的推广模式

笔者认为，封坛酒的推广主要采取线下推广做主导、线上推广做配合的组合策略。主要依靠企业区域人员针对核心客户进行一对一宣讲或者发放宣传画册，同时配合核心市场的主流报纸、电视、广播等媒体做宣传，从而实现线上、线下宣传相结合的效果。

推广一：论坛式推广。封坛酒是企业的特殊产品，建议参与一些杂志举办的论坛，比如《糖烟酒周刊》《新食品》《中国名酒》等举办的白酒论坛。

推广二：体验式推广。根据搜集到的意向客户信息开展体验式推广活动，将核心客户带至厂区全程参观封坛酒的生产、封藏流程，讲解封坛酒的独特卖点，用直观的推广模式向客户宣传封坛酒的优势。

第五步：组建封坛酒定制中心专职营销大团队

任何事情规划得再好，都需要有团队去执行。操作封坛酒亦如此，专职营销大团队的组建直接关系着封坛酒运作的成功与否。笔者将操作封坛酒的团队称为“××封坛酒定制中心”，图 26 所示为定制中心的组织架构设置。

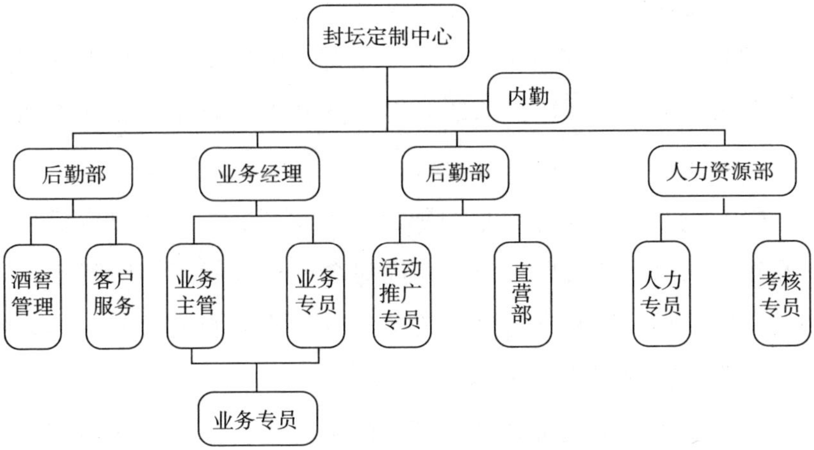

图 26　××封坛酒定制中心的组织架构设置

封坛定制中心的任何一个岗位都要因需而设，制定不同岗位的岗位职责，尤其是市场一线人员，需要分区域、分系统、分客户进行核心拜访，制订日、周、月拜访计划，并每月对工作进行效果评估。封坛定制中心的营销团队，企业可根据自身情况和市场所需自行进行调整。

第六步：举办封坛大典

举办封坛大典可以让客户亲身体验封坛的全过程，但是成功举办一场封坛大典是非常不易的事情。笔者总结了封坛大典的工作，共分为 6 项具体工作。

（1）确定封坛大典的日期、地点、参会人数、嘉宾邀请人员。

（2）所有封坛大典所需的广告物料、音响设备、宣传画册、舞台搭建设备、酒店、参会人员服装、邀请函、嘉宾证、新闻媒体等，需要提前一个月制作完成或者预定。

（3）客户全程接待工作：每一个客户的接待工作均需落实到每一个人，从客户到达目的地一直到离开都需要制定非常详细的流程，确保每一个客户可以顺利参加整个封坛大典的活动。

（4）封坛大典整体流程的制定：企业高层需要组织封坛定制中心相关人员召开封坛大典流程商讨会，从开始到结尾制定有内涵的环节、和封坛酒有息息相关的内容，比如酒道表演、名家封坛、行业专家题字等。

（5）封坛合同的准备和签订：前期需要准备《封坛酒客户认购合同》《封坛酒委托保管（珍藏）合同》《世封坛酒内部认购合同》至少三个合同，确保客户在参与完封坛大典后封坛时使用。

（6）封坛酒宣传说辞：前期必须准备封坛酒的宣传说辞，向每一位企业员工宣导，比如封坛酒的特点、酒窖的特点、封坛酒的价值、封坛酒的基本信息、封坛酒的价格等内容。制定每一个问题标准化的回答说辞，便于现场回答每一位客户的问题。

这是笔者对封坛酒操作的一些认识，任何一款产品的成功都是背后强大的资源作支撑，不是每一款封坛酒都能取得成功。但是面临行业调整时期的白酒行业，封坛酒的开发和运作将成为未来酒企销量增长的一个新的利润点。

推荐作者得新书！

博瑞森征稿启事

亲爱的读者朋友：

感谢您选择了博瑞森图书！希望您手中的这本书能给您带来实实在在的帮助！

博瑞森一直致力于发掘好作者、好内容，希望能把您最需要的思想、方法，一字一句地交到您手中，成为专业知识与管理实践的纽带和桥梁。

但是我们也知道，有很多深入企业一线、经验丰富、乐于分享的优秀专家，或者往来奔波没时间，或者缺少专业的写作指导和便捷的出版途径，只能茫然以待……

还有很多在竞争大潮中坚守的企业，有着异常宝贵的实践经验和独特的闪光点，但缺少专业的记录和整理者，无法让企业的经验和故事被更多的人了解、学习、参考……

这些都太遗憾了！

博瑞森非常希望能将这些埋藏的"宝藏"发掘出来，贡献给广大读者，让更多的人得到帮助。

所以，我们真心地邀请您，我们的老读者，帮助我们一起搜寻：

推荐作者。

可以是您自己或您的朋友，只要对本土管理有实践、有思考；可以是您通过网络、杂志、书籍或其他途径了解的某位专家，不管名气大小，只要他的思想和方法曾让您深受启发。

推荐企业。

可以是您自己所在的企业，或者是您熟悉的某家企业，其创业过程、运营经历、产品研发、机制创新，等等。无论企业大小，只要乐于分享、有值得借鉴书写之处。

总之，好内容就是一切！

博瑞森绝非"自费出书"，出版项目费用完全由我们承担。您推荐的作者或企业案例一经采用，我们会立刻向您赠送书币100元，可直接换取任何博瑞森图书的纸质版或电子版。

感谢您对本土管理的支持！感谢您对博瑞森图书的帮助！

推荐邮箱：bookgood@126.com　　推荐手机：13611149991

1120 本土管理实践与创新论坛

这是由 100 多位本土管理专家联合创立的企业管理实践学术交流组织，旨在孵化本土管理思想、促进企业管理实践、加强专家间交流与协作。

论坛每年集中力量办好两件大事：第一，“**出一本书**”，汇聚一年的思考和实践，把最原创、最前沿、最实战的内容集结成册，贡献给读者；第二，“**办一次会**”，每年 11 月 20 日本土管理专家们汇聚一堂，碰撞思想、研讨案例、交流切磋、回馈社会。

企业案例·老板传记

	书名.作者	内容/特色	读者价值
企业案例·老板传记	**你不知道的加多宝:原市场部高管讲述** 曲宗恺　牛玮娜　著	前加多宝高管解读加多宝	全景式解读,原汁原味
	收购后怎样有效整合:一个重工业收购整合实录 李少星　著	讲述企业并购后的事	语言轻松活泼,对并购后的企业有借鉴作用
	娃哈哈区域标杆:豫北市场营销实录 罗宏文　赵晓萌　等著	本书从区域的角度来写娃哈哈河南分公司豫北市场是怎么进行区域市场营销,成为娃哈哈全国第一大市场、全国增量第一高市场的一些操作方法	参考性、指导性,一线真实资料
	像六个核桃一样:打造畅销品的36个简明法则 王　超　范　萍　著	本书分上下两篇:包括"六个核桃"的营销战略历程和36条畅销法则	知名企业的战略历程极具参考价值,36条法则提供操作方法
	六个核桃凭什么:从0过100亿 张学军　著	首部全面揭秘养元六个核桃裂变式成长的巨著	学习优秀企业的成长路径,了解其背后的理论体系
	借力咨询:德邦成长背后的秘密 官同良　王祥伍　著	讲述德邦是如何借助咨询公司的力量进行自身与发展的	来自德邦内部的第一线资料,真实、珍贵,令人受益匪浅
	解决方案营销实战案例 刘祖轲　著	用10个真案例讲明白什么是工业品的解决方案式营销,实战、实用	有干货、真正操作过的才能写得出来
	招招见销量的营销常识 刘文新　著	如何让每一个营销动作都直指销量	适合中小企业,看了就能用
	我们的营销真案例 联纵智达研究院　著	五芳斋粽子从区域到全国/诺贝尔瓷砖门店销量提升/利豪家具出口转内销/汤臣倍健的营销模式	选择的案例都很有代表性,实在、实操!
	中国营销战实录:令人拍案叫绝的营销真案例 联纵智达　著	51个案例,42家企业,38万字,18年,累计2000余人次参与……	最真实的营销案例,全是一线记录,开阔眼界
	双剑破局:沈坤营销策划案例集 沈　坤　著	双剑公司多年来的精选案例解析集,阐述了项目策划中每一个营销策略的诞生过程,策划角度和方法	一线真实案例,与众不同的策划角度令人拍案叫绝、受益匪浅
	宗:一位制造业企业家的思考 杨　涛　著	1993年创业,引领企业平稳发展20多年,分享独到的心得体会	难得的一本老板分享经验的书
	简单思考:AMT咨询创始人自述 孔祥云　著	著名咨询公司(AMT)的CEO创业历程中点点滴滴的经验与思考	每一位咨询人,每一位创业者和管理经营者,都值得一读
	边干边学做老板 黄中强　著	创业20多年的老板,有经验、能写、又愿意分享,这样的书很少	处处共鸣,帮助中小企业老板少走弯路
	三四线城市超市如何快速成长:解密甘雨亭 IBMG国际商业管理集团　著	国内外标杆企业的经验+本土实践量化数据+操作步骤、方法	通俗易懂,行业经验丰富,宝贵的行业量化数据,关键思路和步骤
	中国首家未来超市:解密安徽乐城 IBMG国际商业管理集团　著	本书深入挖掘了安徽乐城超市的试验案例,为零售企业未来的发展提供了一条可借鉴之路	通俗易懂,行业经验丰富,宝贵的行业量化数据,关键思路和步骤

续表

互联网 +			
书名．作者		内容/特色	读者价值
互联网+	**互联网时代的银行转型** 韩友诚　著	以大量案例形式为读者全面展示和分析了银行的互联网金融转型应对之道	结合本土银行转型发展案例的书籍
	正在发生的转型升级·实践 本土管理实践与创新论坛　著	企业在快速变革期所展现出的管理变革新成果、新方法、新案例	重点突出对于未来企业管理相关领域的趋势研判
	触发需求：互联网新营销样本·水产 何足奇　著	传统产业都在苦闷中挣扎前行，本书通过鲜活的案例告诉你如何以需求链整合供应链，从而把大家熟知的传统行业打碎了重构、重做一遍	全是干货，值得细读学习，并且作者的理论已经经过了他亲自操刀的实践检验，效果惊人，就在书中全景展示
	移动互联新玩法：未来商业的格局和趋势 史贤龙　著	传统商业、电商、移动互联，三个世界并存，这种新格局的玩法一定要懂	看清热点的本质，把握行业先机，一本书搞定移动互联网
	微商生意经：真实再现33个成功案例操作全程 伏泓霖　罗晓慧　著	本书为33个真实案例，分享案例主人公在做微商过程中的经验教训	案例真实，有借鉴意义
	阿里巴巴实战运营——14招玩转诚信通 聂志新　著	本书主要介绍阿里巴巴诚信通的十四个基本推广操作，从而帮助使用诚信通的用户及企业更好地提升业绩	基本操作，很多可以边学边用，简单易学
	今后这样做品牌：移动互联时代的品牌营销策略 蒋　军　著	与移动互联紧密结合，告诉你老方法还能不能用，新方法怎么用	今后这样做品牌就对了
	互联网+“变”与“不变”：本土管理实践与创新论坛集萃．2016 本土管理实践与创新论坛　著	本土管理领域正在产生自己独特的理论和模式，尤其在移动互联时代，有很多新课题需要本土专家们一起研究	帮助读者拓宽眼界、突破思维
	创造增量市场：传统企业互联网转型之道 刘红明　著	传统企业需要用互联网思维去创造增量，而不是用电子商务去转移传统业务的存量	教你怎么在“互联网+”的海洋中创造实实在在的增量
	重生战略：移动互联网和大数据时代的转型法则 沈　拓　著	在移动互联网和大数据时代，传统企业转型如同生命体打算与再造，称之为“重生战略”	帮助企业认清移动互联网环境下的变化和应对之道
	画出公司的互联网进化路线图：用互联网思维重塑产品、客户和价值 李　蓓　著	18个问题帮助企业一步步梳理出互联网转型思路	思路清晰、案例丰富，非常有启发性
	7个转变，让公司3年胜出 李　蓓　著	消费者主权时代，企业该怎么办	这就是互联网思维，老板有能这样想，肯定倒不了
	跳出同质思维，从跟随到领先 郭　剑　著	66个精彩案例剖析，帮助老板突破行业长期思维惯性	做企业竟然有这么多玩法，开眼界

续表

行业类：零售、白酒、食品/快消品、农业、医药、建材家居等			
	书名．作者	内容/特色	读者价值
零售·超市·餐饮·服装·汽车	**1. 总部有多强大，门店就能走多远** **2. 超市卖场定价策略与品类管理** **3. 连锁零售企业招聘与培训破解之道** **4. 中国首家未来超市：解密安徽乐城** **5. 三四线城市超市如何快速成长：解密甘雨亭** IBMG 国际商业管理集团　著	国内外标杆企业的经验 + 本土实践量化数据 + 操作步骤、方法	通俗易懂，行业经验丰富，宝贵的行业量化数据，关键思路和步骤
	涨价也能卖到翻 村松达夫　【日】	提升客单价的 15 种实用、有效的方法	日本企业在这方面非常值得学习和借鉴
	移动互联下的超市升级 联商网专栏频道　著	深度解析超市转型升级重点	帮助零售企业把握全局、看清方向
	手把手教你做专业督导：专卖店、连锁店 熊亚柱　著	从督导的职能、作用，在工作中需要的专业技能、方法，都提供了详细的解读和训练办法，同时附有大量的表单工具	无论是店铺需要统一培训，还是个人想成为优秀的督导，有这一本就够了
	百货零售全渠道营销策略 陈继展　著	没有照本宣科、说教式的絮叨，只有笔者对行业的认知与理解，庖丁解牛式的逐项解析、展开	通俗易懂，花极少的时间快速掌握该领域的知识及趋势
	零售：把客流变成购买力 丁　昀　著	如何通过不断升级产品和体验式服务来经营客流	如何进行体验营销，国外的好经营，这方面有启发
	餐饮企业经营策略第一书 吴　坚　著	分别从产品、顾客、市场、盈利模式等几个方面，对现阶段餐饮企业的发展提出策略和思路	第一本专业的、高端的餐饮企业经营指导书
	赚不赚钱靠店长：从懂管理到会经营 孙彩军　著	通过生动的案例来进行剖析，注重门店管理细节方面的能力提升	帮助终端门店店长在管理门店的过程中实现经营思路的拓展与突破
	汽车配件这样卖：汽车后市场销售秘诀 100 条 俞士耀　著	汽配销售业务员必读，手把手教授最实用的方法，轻松得来好业绩	快速上岗，专业实效，业绩无忧
耐消品	**跟行业老手学经销商开发与管理：家电、耐消品、建材家居** 黄润霖　著	全部来源于经销商管理的一线问题，作者用丰富的经验将每一个问题落实到最便捷快速的操作方法上去	书中每一个问题都是普通营销人亲口提出的，这些问题你也会遇到，作者进行的解答则精彩实用
白酒	**白酒到底如何卖** 赵海永　著	以市场实战为主，多层次、全方位、多角度地阐释了白酒一线市场操作的最新模式和方法，接地气	实操性强，37 个方法、6 大案例帮你成功卖酒
	变局下的白酒企业重构 杨永华　著	帮助白酒企业从产业视角看清趋势，找准位置，实现弯道超车的书	行业内企业要减少 90%，自己在什么位置，怎么做，都清楚了
	1. 白酒营销的第一本书（升级版） **2. 白酒经销商的第一本书** 唐江华　著	华泽集团湖南开口笑公司品牌部长，擅长酒类新品推广、新市场拓展	扎根一线，实战
	区域型白酒企业营销必胜法则 朱志明　著	为区域型白酒企业提供 35 条必胜法则，在竞争中赢销的葵花宝典	丰富的一线经验和深厚积累，实操实用

续表

白酒	**10步成功运作白酒区域市场** 朱志明 著	白酒区域操盘者必备,掌握区域市场运作的战略、战术、兵法	在区域市场的攻伐防守中运筹帷幄,立于不败之地
	酒业转型大时代:微酒精选2014–2015 微酒 主编	本书分为五个部分:当年大事件、那些酒业营销工具、微酒独立策划、业内大调查和十大经典案例	了解行业新动态、新观点,学习营销方法
快消品·食品	**中国快消标杆品牌观察:和内行一起看透营销套路** 陈海超 著	多年营销经验的一线老手把案例掰开了、揉碎了,从中得出的各种手段和方法给读者以帮助和启发	营销那些事儿的个中秘辛,求人还不一定告诉你,这本书里就有
	乳业营销第一书 侯军伟 著	对区域乳品企业生存发展关键性问题的梳理	唯一的区域乳业营销书,区域乳品企业一定要看
	食用油营销第一书 余 盛 著	10多年油脂企业工作经验,从行业到具体实操	食用油行业第一书,当之无愧
	中国茶叶营销第一书 柏 龑 著	如何跳出茶行业"大文化小产业"的困境,作者给出了自己的观察和思考	不是传统做茶的思路,而是现在商业做茶的思路
	调味品营销第一书 陈小龙 著	国内唯一一本调味品营销的书	唯一的调味品营销的书,调味品的从业者一定要看
	快消品营销人的第一本书:从入门到精通 刘 雷 伯建新 著	快消行业必读书,从入门到专业	深入细致,易学易懂
	变局下的快消品营销实战策略 杨永华 著	通胀了,成本增加,如何从被动应战变成主动的"系统战"	作者对快消品行业非常熟悉、非常实战
	快消品经销商如何快速做大 杨永华 著	本书完全从实战的角度,评述现象,解析误区,揭示原理,传授方法	为转型期的经销商提供了解决思路,指出了发展方向
	一位销售经理的工作心得 蒋 军 著	一线营销管理人员想提升业绩却无从下手时,可以看看这本书	一线的真实感悟
	快消品营销:一位销售经理的工作心得2 蒋 军 著	快消品、食品饮料营销的经验之谈,重点图书	来源与实战的精华总结
	快消品营销与渠道管理 谭长春 著	将快消品标杆企业渠道管理的经验和方法分享出来	可口可乐、华润的一些具体的渠道管理经验,实战
	成为优秀的快消品区域经理(升级版) 伯建新 著	用"怎么办"分析区域经理的工作关键点,增加30%全新内容,更贴近环境变化	可以作为区域经理的"速成催化器"
	销售轨迹:一位快消品营销总监的拼搏之路 秦国伟 著	本书讲述了一个普通销售员打拼成为跨国企业营销总监的真实奋斗历程	激励人心,给广大销售员以力量和鼓舞
	快消老手都在这样做:区域经理操盘锦囊 方刚 著	非常接地气,全是多年沉淀下来的干货,丰富的一线经验和实操方法不可多得	在市场摸爬滚打的"老油条",那些独家绝招妙招一般你问都是问不来的
	动销四维:全程辅导与新品上市 高继中 著	从产品、渠道、促销和新品上市详细讲解提高动销的具体方法,总结作者18年的快消品行业经验,方法实操	内容全面系统,方法实操
农业	**新农资如何换道超车** 刘祖轲 等著	从农业产业化、互联网转型、行业营销与经营突破四个方面阐述如何让农资企业占领先机、提前布局	南方略专家告诉你如何应对资源浪费、生产效率低下、产能严重过剩、价格与价值严重扭曲等

续表

农业	**中国牧场管理实战：畜牧业、乳业必读** 黄剑黎 著	本书不仅提供了来自一线的实际经验，还收入了丰富的工具文档与表单	填补空白的行业必读作品
	中小农业企业品牌战法 韩 旭 著	将中小农业企业品牌建设的方法，从理论讲到实践，具有指导性	全面把握品牌规划，传播推广，落地执行的具体措施
	农资营销实战全指导 张 博 著	农资如何向“深度营销”转型，从理论到实践进行系统剖析，经验资深	朴实、使用！不可多得的农资营销实战指导
	农产品营销第一书 胡浪球 著	从农业企业战略到市场开拓、营销、品牌、模式等	来源于实践中的思考，有启发
	变局下的农牧企业9大成长策略 彭志雄 著	食品安全、纵向延伸、横向联合、品牌建设……	唯一的农牧企业经营实操的书，农牧企业一定要看
医药	**医药新营销：制药企业、医药商业企业营销模式转型** 史立臣 著	医药生产企业和商业企业在新环境下如何做营销？老方法还有没有用？如何寻找新方法？新方法怎么用？本书给你答案	内容非常现实接地气，踏实谈问题说方法
	新医改下的医药营销与团队管理 史立臣 著	探讨新医改对医药行业的系列影响和医药团队管理	帮助理清思路，有一个框架
	医药营销与处方药学术推广 马宝琳 著	如何用医学策划把“平民产品”变成“明星产品”	有真货、讲真话的作者，堪称处方药营销的经典！
	新医改了，药店就要这样开 尚 锋 著	药店经营、管理、营销全攻略	有很强的实战性和可操作性
	电商来了，实体药店如何突围 尚 锋 著	电商崛起，药店该如何突围？本书从促销、会员服务、专业性、客单价等多重角度给出了指导方向	实战攻略，拿来就能用
	在中国，医药营销这样做：时代方略精选文集 段继东 主编	专注于医药营销咨询15年，将医药营销方法的精华文章合编，深入全面	可谓医药营销领域的顶尖著作，医药界读者的必读书
	OTC医药代表药店销售36计 鄢圣安 著	以《三十六计》为线，写OTC医药代表向药店销售的一些技巧与策略	案例丰富，生动真实，实操性强
	OTC医药代表药店开发与维护 鄢圣安 著	要做到一名专业的医药代表，需要做什么、准备什么、知识储备、操作技巧等	医药代表药店拜访的指导手册，手把手教你快速上手
	引爆药店成交率1：店员导购实战 范月明 著	一本书解决药店导购所有难题	情景化、真实化、实战化
	引爆药店成交率2：经营落地实战 范月明 著	最接地气的经营方法全指导	揭示了药店经营的几类关键问题
	医药企业转型升级战略 史立臣 著	药企转型升级有5大途径，并给出落地步骤及风险控制方法	实操性强，有作者个人经验总结及分析
建材家居	**建材家居行业老手的营销革命：除了促销还能做什么？** 孙嘉晖 著	一线老手的深度思考，告诉你在建材家居营销模式基本停滞的今天，除了促销，营销还能怎么做	给你的想法一场革命

续表

建材家居	**建材家居营销实务** 程绍珊　杨鸿贵　主编	价值营销运用到建材家居，每一步都让客户增值	有自己的系统、实战
	建材家居门店销量提升 贾同领　著	店面选址、广告投放、推广助销、空间布局、生动展示、店面运营等	门店销量提升是一个系统工程，非常系统、实战
	10步成为最棒的建材家居门店店长 徐伟泽　著	实际方法易学易用，让员工能够迅速成长，成为独当一面的好店长	只要坚持这样干，一定能成为好店长
	手把手帮建材家居导购业绩倍增：成为顶尖的门店店员 熊亚柱　著	生动的表现形式，让普通人也能成为优秀的导购员，让门店业绩长红	读着有趣，用着简单，一本在手、业绩无忧
	建材家居经销商实战42章经 王庆云　著	告诉经销商：老板怎么当、团队怎么带、生意怎么做	忠言逆耳，看着不舒服就对了，实战总结，用一招半式就值了
工业品	**销售是门专业活：B2B、工业品** 陆和平　著	销售流程就应该跟着客户的采购流程和关注点的变化向前推进，将一个完整的销售过程分成十个阶段，提供具体方法	销售不是请客吃饭拉关系，是个专业的活计！方法在手，走遍天下不愁
	解决方案营销实战案例 刘祖轲　著	用10个真案例讲明白什么是工业品的解决方案式营销，实战、实用	有干货、真正操作过的才能写得出来
	变局下的工业品企业7大机遇 叶敦明　著	产业链条的整合机会、盈利模式的复制机会、营销红利的机会、工业服务商转型机会……	工业品企业还可以这样做，思维大突破
	工业品市场部实战全指导 杜　忠　著	工业品市场部经理工作内容全指导	系统、全面、有理论、有方法，帮助工业品市场部经理更快提升专业能力
	工业品营销管理实务 李洪道　著	中国特色工业品营销体系的全面深化、工业品营销管理体系优化升级	工具更实战，案例更鲜活，内容更深化
	工业品企业如何做品牌 张东利　著	为工业品企业提供最全面的品牌建设思路	有策略、有方法、有思路、有工具
	丁兴良讲工业4.0 丁兴良　著	没有枯燥的理论和说教，用朴实直白的语言告诉你工业4.0的全貌	工业4.0是什么？本书告诉你答案
	资深大客户经理：策略准，执行狠 叶敦明　著	从业务开发、发起攻势、关系培育、职业成长四个方面，详述了大客户营销的精髓	满满的全是干货
	一切为了订单：订单驱动下的工业品营销实战 唐道明　著	其实，所有的企业都在围绕着两个字在开展全部的经营和管理工作，那就是“订单”	开发订单、满足订单、扩大订单。本书全是实操方法，字字珠玑、句句干货，教你获得营销的胜利
金融	**交易心理分析** (美)马克·道格拉斯　著 刘真如　译	作者一语道破赢家的思考方式，并提供了具体的训练方法	不愧是投资心理的第一书，绝对经典
	精品银行管理之道 崔海鹏　何　屹　主编	中小银行转型的实战经验总结	中小银行的教材很多，实战类的书很少，可以看看
	支付战争 Eric M. Jackson　著 徐　彬　王　晓　译	PayPal创业期营销官，亲身讲述PayPal从诞生到壮大到成功出售的整个历史	激烈、有趣的内幕商战故事！了解美国支付市场的风云巨变

续表

房地产	产业园区/产业地产规划、招商、运营实战 阎立忠　著	目前中国第一本系统解读产业园区和产业地产建设运营的实战宝典	从认知、策划、招商到运营全面了解地产策划
	人文商业地产策划 戴欣明　著	城市与商业地产战略定位的关键是不可复制性，要发现独一无二的“味道”	突破千城一面的策划困局
	电影院的下一个黄金十年：开发·差异化·案例 李保煜　著	对目前电影院市场存大的问题及如何解决进行了探讨与解读	多角度了解电影院运营方式及代表性案例

经营类：企业如何赚钱，如何抓机会，如何突破，如何“开源”

	书名．作者	内容/特色	读者价值
抓方向	让经营回归简单．升级版 宋新宇　著	化繁为简抓住经营本质：战略、客户、产品、员工、成长	经典，做企业就这几个关键点！
	活系统：跟任正非学当老板 孙行健　尹　贤　著	以任正非的独到视角，教企业老板如何经营公司	看透公司经营本质，激活企业活力
	公司由小到大要过哪些坎 卢　强　著	老板手里的一张“企业成长路线图”	现在我在哪儿，未来还要走哪些路，都清楚了
	企业二次创业成功路线图 夏惊鸣　著	企业曾经抓住机会成功了，但下一步该怎么办？	企业怎样获得第二次成功，心里有个大框架了
	老板经理人双赢之道 陈　明　著	经理人怎养选平台、怎么开局，老板怎样选/育/用/留	老板生闷气，经理人牢骚大，这次知道该怎么办了
	简单思考：AMT咨询创始人自述 孔祥云　著	著名咨询公司（AMT）的CEO创业历程中点点滴滴的经验与思考	每一位咨询人，每一位创业者和管理经营者，都值得一读
	企业文化的逻辑 王祥伍　黄健江　著	为什么企业绩效如此不同，解开绩效背后的文化密码	少有的深刻，有品质，读起来很流畅
	使命驱动企业成长 高可为　著	钱能让一个人今天努力，使命能让一群人长期努力	对于想做事业的人，‘使命’是绕不过去的
思维突破	移动互联新玩法：未来商业的格局和趋势 史贤龙　著	传统商业、电商、移动互联，三个世界并存，这种新格局的玩法一定要懂	看清热点的本质，把握行业先机，一本书搞定移动互联网
	画出公司的互联网进化路线图：用互联网思维重塑产品、客户和价值 李　蓓　著	18个问题帮助企业一步步梳理出互联网转型思路	思路清晰、案例丰富，非常有启发性
	重生战略：移动互联网和大数据时代的转型法则 沈　拓　著	在移动互联网和大数据时代，传统企业转型如同生命体打算与再造，称之为“重生战略”	帮助企业认清移动互联网环境下的变化和应对之道
	创造增量市场：传统企业互联网转型之道 刘红明　著	传统企业需要用互联网思维去创造增量，而不是用电子商务去转移传统业务的存量	教你怎么在“互联网＋”的海洋中创造实实在在的增量
	7个转变，让公司3年胜出 李　蓓　著	消费者主权时代，企业该怎么办	这就是互联网思维，老板有能这样想，肯定倒不了
	跳出同质思维，从跟随到领先 郭　剑　著	66个精彩案例剖析，帮助老板突破行业长期思维惯性	做企业竟然有这么多玩法，开眼界
	麻烦就是需求　难题就是商机 卢根鑫　著	如何借助客户的眼睛发现商机	什么是真商机，怎么判断、怎么抓，有借鉴

续表

思维突破	**互联网＋“变”与“不变”：本土管理实践与创新论坛集萃·2016** 本土管理实践与创新论坛　著	加速本土管理思想的孕育诞生，促进本土管理创新成果更好地服务企业、贡献社会	各个作者本年度最新思想，帮助读者拓宽眼界、突破思维
财务	**写给企业家的公司与家庭财务规划——从创业成功到富足退休** 周荣辉　著	本书以企业的发展周期为主线，写各阶段企业与企业主家庭的财务规划	为读者处理人生各阶段企业与家庭的财务问题提供建议及方法，让家庭成员真正享受财富带来的益处
	互联网时代的成本观 程　翔　著	本书结合互联网时代提出了成本的多维观，揭示了多维组合成本的互联网精神和大数据特征，论述了其产生背景、实现思路和应用价值	在传统成本观下为盈利的业务，在新环境下也许就成为亏损业务。帮助管理者从新的角度来看待成本，进一步做好精益管理
管理类：效率如何提升，如何实现经营目标，如何“节流”			
	书名．作者	内容/特色	读者价值
通用管理	**1. 让管理回归简单．升级版** **2. 让经营回归简单．升级版** **3. 让用人回归简单** 宋新宇　著	宋博士的“简单”三部曲，影响20万读者，非常经典	被读者热情地称作“中小企业的管理圣经”
	管理：以规则驾驭人性 王春强　著	详细解读企业规则的制定方法	从人与人博弈角度提升管理的有效性
	员工心理学超级漫画版 邢　雷　著	以漫画的形式深度剖析员工心理	帮助管理者更了解员工，从而更轻松地管理员工
	分股合心：股权激励这样做 段　磊　周　剑　著	通过丰富的案例，详细介绍了股权激励的知识和实行方法	内容丰富全面、易读易懂，了解股权激励，有这一本就够了
	边干边学做老板 黄中强　著	创业20多年的老板，有经验、能写、又愿意分享，这样的书很少	处处共鸣，帮助中小企业老板少走弯路
	中国式阿米巴落地实践之从交付到交易 胡八一　著	本书主要讲述阿米巴经营会计，“从交付到交易”，这是成功实施了阿米巴的标志	阿米巴经营会计的工作是有逻辑关联的，一本书就能搞定
	集团化企业阿米巴实战案例 初勇钢　著	一家集团化企业阿米巴实施案例	指导集团化企业系统实施阿米巴
	阿米巴经营的中国模式 李志华　著	让员工从“要我干”到“我要干”，价值量化出来	阿米巴在企业如何落地，明白思路了
	中国式阿米巴落地实践之激活组织 胡八一　著	重点讲解如何科学划分阿米巴单元，阐述划分的实操要领、思路、方法、技术与工具	最大限度减少“推行风险”和“摸索成本”，利于公司成功搭建适合自身的个性化阿米巴经营体系
	欧博心法：好管理靠修行 曾　伟　著	用佛家的智慧，深刻剖析管理问题，见解独到	如果真的有‘中国式管理’，曾老师是其中标志性人物
流程管理	**1. 用流程解放管理者** **2. 用流程解放管理者2** 张国祥　著	中小企业阅读的流程管理、企业规范化的书	通俗易懂，理论和实践的结合恰到好处
	跟我们学建流程体系 陈立云　著	畅销书《跟我们学做流程管理》系列，更实操，更细致，更深入	更多地分享实践，分享感悟，从实践总结出来的方法论

续表

质量管理	**IATF16949 质量管理体系详解与案例文件汇编：TS16949 转版 IATF16949:2016** 谭洪华 著	针对 IATF 的新标准做了详细的解说，同时指出了一些推行中容易犯的错误，提供了大量的表单、案例	案例、表单丰富，拿来就用
	五大质量工具详解及运用案例：APQP/FMEA/PPAP/MSA/SPC 谭洪华 著	对制造业必备的五大质量工具中每个文件的制作要求、注意事项、制作流程、成功案例等进行了解读	通俗易懂、简便易行，能真正实现学以致用
	1. ISO9001:2015 新版质量管理体系详解与案例文件汇编 **2. ISO14001:2015 新版环境管理体系详解与案例文件汇编** 谭洪华 著	紧密围绕 2015 新版，逐条详细解读，工具也可以直接套用，易学易上手	企业认证、内审必备
战略落地	**重生——中国企业的战略转型** 施 炜 著	从前瞻和适用的角度，对中国企业战略转型的方向、路径及策略性举措提出了一些概要性的建议和意见	对企业有战略指导意义
	公司大了怎么管：从靠英雄到靠组织 AMT 金国华 著	第一次详尽阐释中国快速成长型企业的特点、问题及解决之道	帮助快速成长型企业领导及管理团队理清思路，突破瓶颈
	低效会议怎么改：每年节省一半会议成本的秘密 AMT 王玉荣 著	教你如何系统规划公司的各级会议，一本工具书	教会你科学管理会议的办法
	年初订计划，年尾有结果：战略落地七步成诗 AMT 郭晓 著	7 个步骤教会你怎么让公司制定的战略转变为行动	系统规划，有效指导计划实现
人力资源	**HRBP 是这样炼成的之"菜鸟起飞"** 新 海 著	以小说的形式，具体解析 HRBP 的职责，应该如何操作，如何为业务服务	实践者的经验分享，内容实务具体，形式有趣
	HRBP 是这样炼成的之中级修炼 新 海 著	本书以案例故事的方式，介绍了 HRBP 在实际工作中碰到的问题和挑战	书中的 HR 解决方案讲究因时因地制宜、简单有效的原则，重在启发读者思路，可供各类企业 HRBP 借鉴
	回归本源看绩效 孙 波 著	让绩效回顾"改进工具"的本源，真正为企业所用	确实是来源于实践的思考，有共鸣
	世界 500 强资深培训经理人教你做培训管理 陈 锐 著	从 7 大角度具体细致地讲解了培训管理的核心内容	专业、实用、接地气
	曹子祥教你做激励性薪酬设计 曹子祥 著	以激励性为指导，系统性地介绍了薪酬体系及关键岗位的薪酬设计模式	深入浅出，一本书学会薪酬设计
	曹子祥教你做绩效管理 曹子祥 著	复杂的理论通俗化，专业的知识简单化，企业绩效管理共性问题的解决方案	轻松掌握绩效管理
	把招聘做到极致 远 鸣 著	作为世界 500 强高级招聘经理，作者数十年招聘经验的总结分享	带来职场思考境界的提升和具体招聘方法的学习
	人才评价中心．超级漫画版 邢 雷 著	专业的主题，漫画的形式，只此一本	没想到一本专业的书，能写成这效果
	走出薪酬管理误区 全怀周 著	剖析薪酬管理的 8 大误区，真正发挥好枢纽作用	值得企业深读的实用教案
	集团化人力资源管理实践 李小勇 著	对搭建集团化的企业很有帮助，务实，实用	最大的亮点不是理论，而是结合实际的深入剖析

续表

人力资源	**我的人力资源咨询笔记** 张　伟　著	管理咨询师的视角，思考企业的 HR 管理	通过咨询师的眼睛对比很多企业，有启发
	本土化人力资源管理 8 大思维 周　剑　著	成熟 HR 理论，在本土中小企业实践中的探索和思考	对企业的现实困境有真切体会，有启发
企业文化	**拿来就用的企业文化工具箱** 海融心胜　主编	数十个工具，为了方便拿来就用，每一个工具都严格按照工具属性、操作方法、案例解读划分，实用、好用	企业文化工作者的案头必备书，方法都在里面，简单易操作
	华夏基石方法：企业文化落地本土实践 王祥伍　谭俊峰　著	十年积累、原创方法、一线资料，和盘托出	在文化落地方面真正有洞察，有实操价值的书
	企业文化的逻辑 王祥伍　著	为什么企业之间如此不同，解开绩效背后的文化密码	少有的深刻，有品质，读起来很流畅
	企业文化激活沟通 宋杼宸　安　琪　著	透过新任 HR 总经理的眼睛，揭示出沟通与企业文化的关系	有实际指导作用的文化落地读本
	在组织中绽放自我：从专业化到职业化 朱仁健　王祥伍　著	个人如何融入组织，组织如何助力个人成长	帮助企业员工快速认同并投入到组织中去，为企业发展贡献力量
	企业文化定位·落地一本通 王明胤　著	把高深枯燥的专业理论创建成一套系统化、实操化、简单化的企业文化缔造方法	对企业文化不了解，不会做？有这一本从概念到实操，就够了
生产管理	**精益思维：中国精益如何落地** 刘承元　著	笔者二十余年企业经营和咨询管理的经验总结	中国企业需要灵活运用精益思维，推动经营要素与管理机制的有机结合，推动企业管理向前发展
	300 张现场图看懂精益 5S 管理 乐　涛　编著	5S 现场实操详解	案例图解，易懂易学
	高员工流失率下的精益生产 余伟辉　著	中国的精益生产必须面对和解决高员工流失率问题	确实来源于本土的工厂车间，很务实
	车间人员管理那些事儿 岑立聪　著	车间人员管理中处理各种"疑难杂症"的经验和方法	基层车间管理者最闹心、头疼的事，'打包'解决
	1. 欧博心法：好管理靠修行 **2. 欧博心法：好工厂这样管** 曾　伟　著	他是本土最大的制造业管理咨询机构创始人，他从 400 多个项目、上万家企业实践中锤炼出的欧博心法	中小制造型企业，一定会有很强的共鸣
	欧博工厂案例 1：生产计划管控对话录 **欧博工厂案例 2：品质技术改善对话录** **欧博工厂案例 3：员工执行力提升对话录** 曾　伟　著	最典型的问题、最详尽的解析，工厂管理 9 大问题 27 个经典案例	没想到说得这么细，超出想象，案例很典型，照搬都可以了
	苦中得乐：管理者的第一堂必修课 曾　伟　编著	曾伟与师傅大愿法师的对话，佛学与管理实践的碰撞，管理禅的修行之道	用佛学最高智慧看透管理
	比日本工厂更高效 1：管理提升无极限 刘承元　著	指出制造型企业管理的六大积弊；颠覆流行的错误认知；掌握精益管理的精髓	每一个企业都有自己不同的问题，管理没有一剑封喉的秘笈，要从现场、现物、现实出发

续表

生产管理	**比日本工厂更高效 2:超强经营力** 刘承元　著	企业要获得持续盈利,就要开源和节流,即实现销售最大化,费用最小化	掌握提升工厂效率的全新方法
	比日本工厂更高效 3:精益改善力的成功实践 刘承元　著	工厂全面改善系统有其独特的目的取向特征,着眼于企业经营体质(持续竞争力)的建设与提升	用持续改善力来飞速提升工厂的效率,高效率能够带来意想不到的高效益
	3A 顾问精益实践 1:IE 与效率提升 党新民　苏迎斌　蓝旭日　著	系统的阐述了 IE 技术的来龙去脉以及操作方法	使员工与企业持续获利
	3A 顾问精益实践 2:JIT 与精益改善 肖志军　党新民　著	只在需要的时候,按需要的量,生产所需的产品	提升工厂效率
员工素质提升	**TTT 培训师精进三部曲(上):深度改善现场培训效果** **TTT 培训师精进三部曲(中):构建最有价值的课程内容** **TTT 培训师精进三部曲(下):职业功力沉淀与修为提升** **廖信琳　著**	**从内到外全方位指导企业内训师从专业到卓越**	成为优秀企业内训师/培训师的案头必备书籍
	手把手教你做专业督导:专卖店、连锁店 熊亚柱　著	从督导的职能、作用,在工作中需要的专业技能、方法,都提供了详细的解读和训练办法,同时附有大量的表单工具	无论是店铺需要统一培训,还是个人想成为优秀的督导,有这一本就够了
	跟老板"偷师"学创业 吴江萍　余晓雷　著	边学边干,边观察边成长,你也可以当老板	不同于其他类型的创业书,让你在工作中积累创业经验,一举成功
	销售轨迹:一位快消品营销总监的拼搏之路 秦国伟　著	本书讲述了一个普通销售员打拼成为跨国企业营销总监的真实奋斗历程	激励人心,给广大销售员以力量和鼓舞
	在组织中绽放自我:从专业化到职业化 朱仁健　王祥伍　著	个人如何融入组织,组织如何助力个人成长	帮助企业员工快速认同并投入到组织中去,为企业发展贡献力量
	企业员工弟子规:用心做小事,成就大事业 贾同领　著	从传统文化《弟子规》中学习企业中为人处事的办法,从自身做起	点滴小事,修养自身,从自身的改善得到事业的提升
	手把手教你做顶尖企业内训师:TTT 培训师宝典 熊亚柱　著	从课程研发到现场把控、个人提升都有涉及,易读易懂,内容丰富全面	想要做企业内训师的员工有福了,本书教你如何抓住关键,从入门到精通

营销类:把客户需求融入企业各环节,提供"客户认为"有价值的东西

	书名. 作者	内容/特色	读者价值
营销模式	**洞察人性的营销战术:沈坤教你 28 式** 沈　坤　著	28 个匪夷所思的营销怪招令人拍案叫绝,涉及商业竞争的方方面面,大部分战术可以直接应用到企业营销中	各种谋略得益于作者的横向思维方式,将其操作过的案例结合其中,提供的战术对读者有参考价值
	动销操盘:节奏掌控与社群时代新战法 朱志明　著	在社群时代把握好产品生产销售的节奏,解析动销的症结,寻找动销的规律与方法	都是易读易懂的干货!对动销方法的全面解析和操盘

续表

营销模式	**变局下的营销模式升级** 程绍珊　叶　宁　著	客户驱动模式、技术驱动模式、资源驱动模式	很多行业的营销模式被颠覆,调整的思路有了!
	卖轮子 科克斯【美】	小说版的营销学! 营销理念巧妙贯穿其中,贵在既有趣,又有深度	经典、有趣! 一个故事读懂营销精髓
	弱势品牌如何做营销 李政权　著	中小企业虽有品牌但没名气,营销照样能做的有声有色	没有丰富的实操经验,写不出这么具体、详实的案例和步骤,很有启发
	老板如何管营销 史贤龙　著	高段位营销 16 招,好学好用	老板能看,营销人也能看
	动销:产品是如何畅销起来的 吴江萍　余晓雷　著	真真切切告诉你,产品究竟怎么才能卖出去	击中痛点,提供方法,你值得拥有
	资深大客户经理:策略准,执行狠 叶敦明　著	从业务开发、发起攻势、关系培育、职业成长四个方面,详述了大客户营销的精髓	满满的全是干货
	成为资深的销售经理:B2B、工业品 陆和平　著	围绕"销售管理的六个关键控制点"一一展开,提供销售管理的专业、高效方法	方法和技术接地气,拿来就用,从销售员成长为经理不再犯难
	销售是门专业活:B2B、工业品 陆和平　著	销售流程就应该跟着客户的采购流程和关注点的变化向前推进,将一个完整的销售过程分成十个阶段,提供具体方法	销售不是请客吃饭拉关系,是个专业的活计! 方法在手,走遍天下不愁
	向高层销售:与决策者有效打交道 贺兵一　著	一套完整有效的销售策略	有工具,有方法,有案例,通俗易懂
	卖轮子 科克斯　【美】	小说版的营销学! 营销理念巧妙贯穿其中,贵在既有趣,又有深度	经典、有趣! 一个故事读懂营销精髓
	学话术　卖产品 张小虎　著	分析常见的顾客异议,将优秀的话术模块化	让普通导购员也能成为销售精英
组织和团队	**升级你的营销组织** 程绍珊　吴越舟　著	用"有机性"的营销组织替代"营销能人",营销团队变成"铁营盘"	营销队伍最难管,程老师不愧是营销第 1 操盘手,步骤方法都很成熟
	用数字解放营销人 黄润霖　著	通过量化帮助营销人员提高工作效率	作者很用心,很好的常备工具书
	成为优秀的快消品区域经理(升级版) 伯建新　著	用"怎么办"分析区域经理的工作关键点,增加30%全新内容,更贴近环境变化	可以作为区域经理的"速成催化器"
	一位销售经理的工作心得 蒋　军　著	一线营销管理人员想提升业绩却无从下手时,可以看看这本书	一线的真实感悟
	快消品营销:一位销售经理的工作心得 2 蒋　军　著	快消品、食品饮料营销的经验之谈,重点突出	来源于实战的精华总结
	销售轨迹:一位快消品营销总监的拼搏之路 秦国伟　著	本书讲述了一个普通销售员打拼成为跨国企业营销总监的真实奋斗历程	激励人心,给广大销售员以力量和鼓舞
	用营销计划锁定胜局:用数字解放营销人 2 黄润霖　著	全方位教你怎么做好营销计划,好学好用真简单	照搬套用就行,做营销计划再也不头痛
	快消品营销人的第一本书:从入门到精通 刘　雷　伯建新　著	快消行业必读书,从入门到专业	深入细致,易学易懂

续表

产品	**产品炼金术Ⅰ:如何打造畅销产品** 史贤龙 著	满足不同阶段、不同体量、不同行业企业对产品的完整需求	必须具备的思维和方法,避免在产品问题上走弯路
	产品炼金术Ⅱ:如何用产品驱动企业成长 史贤龙 著	做好产品、关注产品的品质,就是企业成功的第一步	必须具备的思维和方法,避免在产品问题上走弯路
	新产品开发管理,就用IPD 郭富才 著	10年IPD研发管理咨询总结,国内首部IPD专业著作	一本书掌握IPD管理精髓
品牌	**中小企业如何建品牌** 梁小平 著	中小企业建品牌的入门读本,通俗、易懂	对建品牌有了一个整体框架
	采纳方法:破解本土营销8大难题 朱玉童 编著	全面、系统、案例丰富、图文并茂	希望在品牌营销方面有所突破的人,应该看看
	中国品牌营销十三战法 朱玉童 编著	采纳20年来的品牌策划方法,同时配有大量的案例	众包方式写作,丰富案例给人启发,极具价值
	今后这样做品牌:移动互联时代的品牌营销策略 蒋军 著	与移动互联紧密结合,告诉你老方法还能不能用,新方法怎么用	今后这样做品牌就对了
	中小企业如何打造区域强势品牌 吴之 著	帮助区域的中小企业打造自身品牌,如何在强壮自身的基础上往外拓展	梳理误区,系统思考品牌问题,切实符合中小区域品牌的自身特点进行阐述
渠道通路	**快消品营销与渠道管理** 谭长春 著	将快消品标杆企业渠道管理的经验和方法分享出来	可口可乐、华润的一些具体的渠道管理经验,实战
	传统行业如何用网络拿订单 张 进 著	给老板看的第一本网络营销书	适合不懂网络技术的经营决策者看
	采纳方法:化解渠道冲突 朱玉童 编著	系统剖析渠道冲突,21个渠道冲突案例、情景式讲解,37篇讲义	系统、全面
	学话术 卖产品 张小虎 著	分析常见的顾客异议,将优秀的话术模块化	让普通导购员也能成为销售精英
	向高层销售:与决策者有效打交道 贺兵一 著	一套完整有效的销售策略	有工具,有方法,有案例,通俗易懂
	通路精耕操作全解:快消品20年实战精华 周 俊 陈小龙 著	通路精耕的详细全解,每一步的具体操作方法和表单全部无保留提供	康师傅二十年的经验和精华,实践证明的最有效方法,教你如何主宰通路

管理者读的文史哲·生活

	书名.作者	内容/特色	读者价值
思想·文化	**德鲁克管理思想解读** 罗 珉 著	用独特视角和研究方法,对德鲁克的管理理论进行了深度解读与剖析	不仅是摘引和粗浅分析,还是作者多年深入研究的成果,非常可贵
	中西哲学的歧异与会通 张再林 著	本书以一种现代解释学的方法,对中国传统哲学内在本质尝试一种全新的和全方位的解读	发掘出掩埋在古老传统形式下的现代特质和活的生命,在此基础上揭示中西哲学"你中有我,我中有你"之旨
	治论:中国古代管理思想 张再林 著	本书主要从儒、法墨三家阐述中国古代管理思想	看人本主义的管理理论如何不留斧痕地克服似乎无法调解的存在于人类社会行为与社会组织中的种种两难和对立

续表

思想·文化	**中国古代政治制度(修订版)上:皇帝制度与中央政府** 刘文瑞　著	全面论证了古代皇帝制度的形成和演变的历程	有助于读者从政治制度角度了解中国国情的历史渊源
	中国古代政治制度(修订版)下:地方体制与官僚制度 刘文瑞　著	全面论证了古代地方政府的发展演变过程	有助于读者从政治制度角度了解中国国情的历史渊源
	通天彻地,九大法则:《尚书·洪范》讲记 史幼波　著	精析"洪范九畴"这一中华传统政治哲学的理论基础	寓渊深义理于通俗口语之中,使现代人也能一睹中华文化原典之精湛奥义
	中国思想文化十八讲(修订版)待出版 张茂泽　著	中国古代的宗教思想文化,如对祖先崇拜、儒家天命观、中国古代关于"神"的讨论等	宗教文化和人生信仰或信念紧密相联,在文化转型时期学习和研究中国宗教文化就有特别的现实意义
	众生相 仲昭川　著	《互联网黑洞》作者仲昭川的随笔集——纵横宇宙生命,无言参万相。透视各色脸谱,一语破天机	商场或情场的顺心法宝,修道或混世的开悟按钮
	每个中国人身上的春秋基因 史贤龙　著	春秋368年(公元前770–公元前403年),每一个中国人都可以在这段时期的历史中找到自己的祖先,看到真实发生的事件,同时也看到自己	长情商、识人心
	内功太极拳训练教程 王铁仁　编著	杨式(内功)太极拳(俗称老六路)的详细介绍及具体修炼方法,身心的一次升华	书中含有大量图解并有相关视频供读者同步学习
	中医治心脏病 马宝琳　著	引用众多真实案例,客观真实地讲述了中西医对于心脏病的认识及治疗方法	看完这本书,能为您节约10万元医药费
	史幼波心经讲记(上下册) 史幼波　著	句句精讲,句句透彻,佛法经典的多角度阐释	通俗易懂,将深刻的教理以浅显的语言讲出来
	史幼波大学讲记 史幼波　著	用儒释道的观点阐释大学的深刻思想	一本书读懂传统文化经典
	史幼波《周子通书》《太极图说》讲记 史幼波　著	把形而上的宇宙、天地,与形而下的社会、人生、经济、文化等融合在一起	将儒家的一整套学修系统融合起来